T0043673

Los chakras

Grupo ROBIN BOOK
Barcelona - México
Buenos Aires

Los chakras

Helen Moore

esenciales

ROBIN BOOK

© 2012, Helen Moore

© 2012, Ediciones Robinbook, s. l., Barcelona

Diseño de cubierta: Regina Richling

Fotografías de cubierta: © iStockphoto / Andrey Guryanov / James Arrington

Diseño interior: Josep Febrer

ISBN: 978-84-9917-161-6

Depósito legal: B-3.996-2012

Impreso por Limpergraf, Mogoda, 29-31 (Can Salvatella), 08210 Barberà del Vallès

Impreso en España - *Printed in Spain*

«Cualquier forma de reproducción, distribución, comunicación pública o transformación de esta obra solo puede ser realizada con la autorización de sus titulares, salvo excepción prevista por la ley. Diríjase a CEDRO (Centro Español de Derechos Reprográficos, www.cedro.org) si necesita fotocopiar o escanear algún fragmento de esta obra.»

Índice

¿Qué son los chakras?

Los chakras son sistemas de energía que se localizan en nuestro cuerpo.

Este sistema está estrechamente vinculado con la práctica del yoga, por lo que las primeras menciones aparecen ya en los escritos védicos.

La palabra ***chakra*** proviene del sánscrito y significa ***rueda*** o ***disco*** y alude al movimiento que dicha rueda o esfera de energía realiza desde los ganglios nerviosos centrales de la columna vertebral.

Estos centros de energía son los que nos conectan con nuestro mundo espiritual, es decir, que la relación entre el alma y el cuerpo se efectúa a través de ellos.

Su buen funcionamiento es fundamental para nuestra salud, así que cuando se producen desequilibrios en nuestros chakras acaban reflejándose en nuestro cuerpo a modo de enfermedades.

¿Cuántos hay?

Existen siete centros principales de energía o chakras que se disponen verticalmente entre la base de la espina dorsal y la cima del cráneo. Cada uno de ellos guarda especial relación con determinadas glándulas endocrinas así como con varios procesos fisiológicos tales como la respiración o la digestión. En el ámbito psicológico, los chakras también tienen relación con determinados aspectos de nuestra vida, como la sexualidad la comunicación, el amor, la espiritualidad...

También es cierto que, según la doctrina que los contemple se considerará la existencia de cuatro o cinco chakras, como en el budismo o, por ejemplo, los trece que menciona el taoísmo. Sin embargo, no es este libro el encargado de arrimarse a una u otra práctica religiosa o filosófica, pues eso es más bien tarea y decisión del lector tras decidir, desde su interior, la que más lo identifica. En este libro lo que se intenta es guiar y orientar al lector en los diferentes caminos que se le ofrecen. Cualquiera de los que escoja será bueno si es que lo hace desde la bondad y la honestidad del corazón.

Los cuerpos sutiles

Los cuerpos sutiles envuelven el cuerpo del ser humano de forma tridimensional.

Son una especie de ondas que lo protegen e interactúan entre sí filtrando todo lo que proviene del cosmos, amoldándose concéntricamente a fin de regular lo que penetra desde las esferas superiores hasta la vida física. Son como dimensiones diferentes que se engloban unas a otras a la manera de las

muñecas rusas. Así pues, el cuerpo sutil es un ente psíquico, no físico, superpuesto a nuestro organismo.

Existen siete cuerpos sutiles. El cuerpo divino es el más elevado y es quien decide encarnarse; al otro extremo se sitúa el cuerpo físico. Entre estos dos existen otros cinco cuerpos que relacionan la energía y la organizan para que funcionen todos los niveles.

El cuerpo físico o denso

Es el cuerpo de expresión, es la parte visible. Tiene gran importancia porque es el que nos relaciona con el exterior, con el mundo que nos rodea. La inercia y la comodidad van en contra de la esencia de este cuerpo, que es el movimiento. La serenidad es su gran aliado, pues en estos tiempos en los que la prisa amenaza constantemente al individuo, mantener la calma nos permite captar la auténtica necesidad de las cosas y discernir qué puede ser lo correcto en cada momento.

El cuerpo etérico

Es el vehículo de la esencia vital del cuerpo. Toda partícula del cuerpo físico está rodeada de una envoltura etérica, es una copia del cuerpo físico, un duplicado. Es el que canaliza la energía y la emana. La energía que circula lo hace a través de canales sutiles e invisibles llamados meridianos o nadis. La calidad de la energía etérica dependerá de los nutrientes que consumamos, los cuales revertirán en este cuerpo a través de las vibraciones solares emitidas por los elementos que nos rodean, como las plantas, la fruta, los árboles.

El cuerpo etérico atrae energías vitales del Sol a través del chakra del plexo solar, y energías vitales de la tierra a través del chakra basal. Acumula estas energías y, a través de los chakras y los nadis, las conduce al cuerpo físico en flujos vitales ininterrumpidos.

La radiación de la energía del cuerpo etérico se extiende unos centímetros más allá del cuerpo físico: es el aura etérica. Cuando el «hambre de energía» del organismo está saciado, la energía sobrante del cuerpo etérico se irradia hacia fuera a través de los chakras y de los poros. Sale a través de los poros en filamentos de energía rectos de aproximadamente 5 centímetros de longitud constituyendo con ello el aura etérica, que, por lo general, es la primera fracción del aura total percibida por las personas clarividentes.

Este cuerpo y el físico reaccionan intensamente a los impulsos mentales que proceden del cuerpo mental, de ahí la gran importancia y trascendencia que tiene en nosotros el pensamiento positivo, pues gracias a él podemos favorecer notablemente la salud de nuestro cuerpo si lo sugestionamos mediante el pensamiento positivo.

El aura

El aura es la manifestación del verdadero estado interior de la persona. Se refleja por medio del campo electromagnético que rodea a todo ser vivo. Podríamos decir que es el conjun-

to de los cuerpos sutiles que poseen los seres humanos, además del físico.

El aura varía en cada individuo del mismo modo que varían las personalidades de cada uno de nosotros; por eso es una extensión sutil de nuestra personalidad manifestándose por consiguiente en su brillo intensidad y color. Como se ha dicho anteriormente, las personas especialmente sensitivas tienen la capacidad de percibir el aura de cada ser vivo y percatarse asimismo de su estado de salud. Nuestro carácter queda proyectado en el aura; en ella está lo que somos, y no lo que parecemos ser al ojo visible.

Se ha demostrado que todo lo que ocurre en nuestro cuerpo físico repercute antes en el plano energético.

El cuerpo astral

También llamado cuerpo de las emociones o emocional, pues en él se reflejan todos los deseos, emociones y sentimientos procedentes, tanto del exterior como las que se generan en el cuerpo mental.

Se extiende más allá del aura etérica aunque su forma es exactamente igual a la del cuerpo físico.

En ocasiones el cuerpo astral se disocia del cuerpo físico. Es lo que sucede durante el sueño, aunque la mayoría de la personas no son conscientes de este fenómeno conocido también como viaje astral; muchas veces recordamos determinados sueños que en realidad han sido viajes astrales.

Ninguno de los otros cuerpos sutiles marca con tanta fuerza la visión del mundo y de la realidad del hombre medio como el cuerpo emocional. En el cuerpo emocional se hallan almacenadas, entre otras, todas nuestras emociones no liberadas, las angustias y agresiones conscientes e inconscientes, las sensaciones de soledad, rechazo y falta de autoconfianza, etcétera; emiten sus vibraciones a través del aura emocional y transmiten el mensaje inconsciente que enviamos al mundo exterior.

El cuerpo mental no puede ejercer mucha influencia sobre el cuerpo astral, pues este sigue sus propias leyes. Es más, las emociones y frustraciones o pensamientos negativos no liberados permanecerán en la encarnación venidera, ya que el cuerpo astral perdura después de la muerte y con él se reencarnan las estructuras emocionales.

La mayor proporción de «nudos emocionales» del cuerpo emocional se encuentra localizada en la zona del chakra del plexo solar.

El cuerpo mental

En él se albergan los pensamientos y nuestro intelecto. Su principal función es la de reequilibrar los distintos niveles cerebrales y los dos hemisferios, con el fin de neutralizar la hegemonía de la mente concreta y racional de nuestra existencia.

Asimismo, sirve de intermediario entre los planos inferiores: material, físico, etérico y astral; y por otro, los que le son superiores: planos causal, mental superior y divino.

Con frecuencia, debido a la influencia del cuerpo emocional y de sus estructuras emocionales no liberadas, las informaciones se distorsionan y el pensamiento se tiñe. Surgen esquemas mentales recurrentes a través de los cuales enjuiciamos los acontecimientos de nuestro mundo. Esto significa que el entendimiento racional no es ni mucho menos objetivo y neutral, aun cuando se le atribuya esa cualidad.

El cuerpo causal

Es el cuerpo del alma. Su radiación solo es visible si la persona ha alcanzado el control del karma, es decir, el dominio de la causalidad de su existencia.

Este cuerpo está formado por todas las energías positivas que generamos desde el principio de todas las encarnaciones. Cuando morimos físicamente, el cuerpo causal escapa de su formato carnal, por lo que si una persona muere sin haber resuelto sus frustraciones, no podrá acabar su viaje de reintegración sin volver a encontrárselos de nuevo, pues su alma necesitará plasmarse en la densidad del cuerpo físico para poder desatar los nudos mediante la materia.

El cuerpo mental superior

También se denomina cuerpo átmico, búdico o crístico, dependiendo de la religión a la que hagan referencia. Atma o Christos se encarna en cada uno de nosotros, de modo que cuando una persona integra en su vida esta conciencia cósmica, puede comprender la universalidad y el principio subyacente a las múltiples manifestaciones de la Unidad. Este estado mental negociará con el entorno y el plano de la potencia.

En el budismo también encontramos aquí el plano de los iluminados o budas. Quien llegue aquí recibirá la iluminación pudiendo decidir dos deseos según la tradición hindú, o ser Buda y salir de la rueda del Karma (es decir, no reencarnarse más); o ser Bodhisawa y regresar al mundo de forma inmortal para ayudar a las almas del mundo por amor.

El cuerpo divino

Está ligado al séptimo centro (coronal). En este nivel todas las energías sintetizadas por el cuerpo átmico se fusionan en la Unidad que se expresa por el YO SOY, que es el fiel reflejo de la voluntad divina. Algunos personajes conocidos como Gandhi, son almas evolucionadas que se han liberado de las ataduras de la reencarnación, pero que han decidido regresar a la humanidad.

Los nadis

Dentro de nuestro sistema energético disponemos de numerosos canales de energía o nadis que transportan la energía o prana. Sin embargo,los más importantes son tres.

- ## *Ida nadi* o canal izquierdo

  Estos canales modifican la energía. El canal izquierdo deprime o absorbe la energía, haciendo que tengamos una visión más pesimista del mundo. Es el canal del pasado. Con este canal sentimos las emociones, los deseos, la intuición, la memoria, etc.

- ## *Pingala nadi* o canal derecho

  El canal derecho refleja la energía, dándonos una visión más eufórica y agresiva. Con este canal obtenemos la energía para actuar y proyectar hacia el futuro.

- ## *Sushumna* nadi o canal central:

  El canal central transporta la energía sin modificarla, dándonos una visión o conocimiento real, sin alteraciones. El canal central está abierto y desde su terminación en el último chakra, nos comunica con el exterior. El canal central (llamado el camino del centro por ShriBudha) es el camino de la evolución, canal que nos permite vivir el momento presente, que es la verdadera realidad.

En los seres humanos, solo una pequeña cantidad de energía circula en estos tres nadis. Despertar esta energía sutil gracias a respiraciones, evolución de conciencia, o por diversas técnicas energéticas (Reiki, yoga, meditación...) permite a esta corriente circular en los centros activándolos.

El movimiento

Los flujos energéticos del hombre discurren de abajo arriba o viceversa, creándose corrientes en las dos direcciones. La dirección descendente se denomina Senda de la Manifestación. Esta nos permite tomar algo abstracto mediante la condensación de las formas etéricas y llevarlo al plano de lo concreto. Se inicia en la conciencia pura y va cobrando cada vez más densidad hasta llegar al plano de lo manifiesto.

Por el contrario, el camino ascendente, que parte del chakra base, se llama Senda de la Liberación. En él, aquello que se encontraba atado va desprendiéndose gradualmente para acabar liberado de la materia, abarcando mayor abstracción.

Esta última corriente es la que acostumbra a destacarse más frecuentemente en los estudios acerca de los chakras, pues es la que está más estrechamente vinculada con las vías de liberación personal; es la que nos permite obtener visiones más amplias y libres de las ataduras del mundo físico.

La Senda de la Manifestación, aunque castigada de algún modo por los prejuicios, es igual de importante que la anterior. Sin ella, por ejemplo, no podrán manifestarsedeterminadas ideas, por muy buenas que sean. El hecho de manifestarse implica indisolublemente la idea de limitación, nos obliga a concretar, poner marcas y restringir el terreno, pero todo ello no debe concebirse como algo negativo, sino como algo más bien necesario para que el dominio abstracto de la conciencia encuentre un recipiente en el cual condensarse y adquirir concreción.

La corriente ascendente nos aporta energía, innovación, mientras que la descendiente nos trae la paz y la estabilidad. Por ello, hay que tener claro que ambas corrientes deben desarrollarse por igual para que el individuo se desenvuelva plenamente en el mundo de hoy, de lo contrario, se estará reflejando una disfunción en alguno de los planos energéticos que, tarde o temprano, acabarán por manifestarse físicamente como una enfermedad.

Corrientes secundarias

Existen otras dos corrientes que son el fruto de la combinación entre las dos corrientes principales.

Estas corrientes secundarias reciben el nombre de *recepción* y *expresión*. Ocurren dentro de los mismos chakras y también intervienen en el flujo de la energía, de tal manera que el hecho de que haya unos chakras cerrados y otros abiertos generará la imagen propia que ofreceremos al mundo. Eso quiere decir que el control consciente y equilibrado de los flujos energéticos permitirá que modulemos aspectos de nuestro ser con el fin de ir alcanzando niveles más evolucionados.

La rueda en movimiento

Cuando las ruedas o chakras giran, la energía es atraída hacía el interior. Si el sentido del giro cambia, la energía es irradiada hacia el exterior. El sentido de giro se opone dependiendo de si es un hombre o una mujer. Así, los mismos chacras que en el hombre giran en sentido a las agujas del reloj, en la mujer giran en sentido contrario a estas. Los giros a la derecha tienen un predominio de la cualidad masculina, una acentuación del yang, el cual representa la voluntad y la actividad. En su manifestación negativa ello desemboca en agresividad y violencia.

Por otro lado, los giros a la izquierda tienen un predominio de la cualidad femenina, una acentuación del yin, que representa la sensibilidad y el acuerdo. En su aspecto negativo manifiesta debilidad. El sentido de giro cambia de un chacra a otro, por ejemplo, el chacra basal en el hombre gira hacia la derecha y en la mujer hacia la izquierda.

Los desequilibrios

Como sabemos, los chakras son vórtices esféricos en el cuerpo etéreo que actúan como transmisores de energía y tienen gran influencia en nuestro estado físico a través de las glándulas endocrinas, las cuales afectan también a nuestro estado mental y emocional.

Los siete chakras principales del cuerpo sutil se alinean con la columna vertebral a través del centro del cuerpo, teniendo cada uno de ellos un color y varios elementos como alimentos, perfumes, animales, etc., asociados a ellos.

Además de los chakras principales —que estudiaremos más adelante— existen los chakras secundarios, ubicados en las palmas de las manos y en las plantas de los pies. Junto con los principales, estos puntos energéticos están recibiendo energía universal continuamente y distribuyéndola por nuestro cuerpo físico.

Cuando algo no funciona bien la enfermedad suele ser un indicativo de que el flujo de nuestro sistema energético está desequilibrado. Estos desequilibrios siempre se manifiestan antes en el plano emocional que en el físico. Sin embargo, el ser humano, debido a la situación de bloqueo y falta de sensibilidad que padece actualmente, no hace caso de las señales enviadas hasta que todo ello se manifiesta físicamente. Sólo aquellos individuos sensibilizados con el flujo energético reaccionan a tiempo para reconducir y equilibrar el sistema energético de nuevo.

Cada uno de los chakras tiene una función específica que corresponde a diferentes tipos de emociones. Si uno de los chakras está en desequilibrio, su función asociada también lo estará en cierto grado.

Cuando sientes tensión en tu conciencia, se percibe en el chakra asociado a esa parte de la conciencia y a su vez, en las zonas del cuerpo físico que están relacionadas con ese chakra. La tensión del chakra la detectan los nervios del plexo relacionados con ese chakra y la transmiten a las zonas del cuerpo que están controladas por dicho plexo.

En resumen, cuando un chakra no funciona correctamente, ya sea por exceso o defecto de energía, se produce un bloqueo del mismo, afectando así a las partes que rige del cuerpo físico, emocional o espiritual.

Bloqueo por defecto

Cuando apenas circula energía podríamos decir que el cuerpo se atasca restrictivamente, la energía no puede circular y en consecuencia, se impide la recepción de estímulos.

Por ejemplo, cuando estamos deprimidos sentimos una opresión en el pecho, como si se nos fuera a hundir, por lo que el mismo cuerpo adopta y se modela en función de esa opresión, reflejándose incluso en nuestro porte físico. Por eso, muchas veces se puede deducir el estado de los chakras observando simplemente el aspecto físico.

Por la misma razón se observan signos físicos en la persona que sufre algún bloqueo de alguno de sus chakras. Por ejemplo, la impotencia, las úlceras o la rigidez cervical indicaría bloqueos en los chakras segundo, tercero y quinto respectivamente.

Bloqueo por exceso

A estas alturas podemos ir intuyendo ya, que el estado ideal del sistema energético que nos conforma es el del equilibrio, por eso podemos deducir que tan perjudicial es el defecto como el exceso.

En este caso, el chakra excesivo no permite la liberación y expresión de la energía interna y por ejemplo, un tercer chakra excesivo (relacionado con el poder) daría lugar a sujetos con un excesivo afán de dominio y poder; o un segundo chakra excesivo (relacionado con la sexualidad) se manifestaría sexualmente obsesivo o con una remarcada tendencia a observar el mundo desde la perspectiva sexual.

Bloqueo en sí mismo

Puede ocurrir que un mismo chakra sea excesivo en algunas de las actividades de las que rige y en otras padezca una pauta restrictiva. Por ejemplo, una misma persona con una exagerada tendencia a acaparar propiedades puede sufrir al mismo tiempo un trastorno alimentario relacionado con la anorexia. Ambos estados son reacciones a programaciones del pasado, mecanismos de defensa o efectos de traumatismos pretéritos relacionados con las dificultades de la supervivencia.

De manera general, los bloqueos se producen como consecuencia de las experiencias de la infancia y de los valores culturales que se recibe.

Abrir el chakra

Hablamos de abrir y activar el chakra cuando realizamos unos ejercicios espirituales y físicos, como las asanas del hatha yoga, la meditación, los mudras, la técnica de la respiración o pranayama, que nos permiten reactivar y desbloquear algunos centros que han estado cerrados.

El chakra cerrado es aquel cuya energía no llega adecuadamente, ya sea por defecto o por exceso.

Causas de los bloqueos

Toda enfermedad, sea psíquica o física, comienza por un desequilibrio a nivel energético sutil. Posteriormente, si este desequilibrio se mantiene, se expresará también en otros niveles. Los chakras se pueden bloquear por factores físicos, como el tabaco o el alcohol, pero sobre todo por los psíquicos, como la culpa o el miedo.

Podríamos decir, en términos generales, que los bloqueos suelen responder a una disfunción como consecuencia de las experiencias de la infancia y de los valores culturales que recibimos. El niño que a lo largo de su infancia ha sido maltratado físicamente por sus padres o tutores aprende a aislarse de sus propias sensaciones corporales. Asimismo, aquella criatura que ha sido abandonada emocionalmente se cierra en el plano del segundo chakra, que es el que se asocia con la emotividad. La misma pena por un desengaño amoroso o un desamor nos provoca el cierre del corazón.

No obstante, hay que tener claro que esto se refiere a unas generalizaciones que siempre tienden a simplificar realidades más complejas que merecen ser objeto de estudios personalizados y más exhaustivos. Cada caso tiene unas particularidades intransferibles.

Primer chakra

Nombre sánscrito:	*Muladhara*
Localización:	Perineo (entre los genitales y el ano), base de la columna vertebral
Significado:	Raíz, fundamento
Función:	Supervivencia
Elemento:	Tierra
Símbolo:	Loto de cuatro pétalos rojos y cuadrado amarillo
Sonido raíz:	LAM
Partes del cuerpo:	Pies, piernas, huesos, intestino grueso
Sentido:	Olfato
Animal:	Elefante de siete trompas
Color:	Rojo
Incienso:	Cedro
Alimentos:	Carne, proteínas
Algunas deficiencias:	Obesidad, hemorroides, anorexia, incapacidad para concentrarse, lesiones en la rodilla
Camino yóguico:	Hatha Yoga

Este centro representa nuestras raíces y será la base sobre la que se sustente el proceso espiritual que podamos realizar. Por eso, debe ser sólido y fuerte.

Las tareas de este chakra implican la toma de contacto con la tierra, establecer el buen sentido de lo fundamental y atender a las necesidades de supervivencia, que es por último, la función primordial de este centro. No obstante, además de las necesidades físicas, el placer y la sexualidad, también arraiga la conciencia al plano físico, tanto con nuestro propio cuerpo como con la Tierra, que a su vez está relacionado con el sentimiento de seguridad y estabilidad.

Los principios de gravitación y condensación son gestionados en el nivel del chakra base, pues representa la materia en su forma más densa y pesada. Todo ello se encuentra en estrecha vinculación con los pies, que son nuestra conexión con la Tierra.

Este chakra se asocia al sentido del olfato. La acumulación de toxinas con el consiguiente mal olor denota un mal funcionamiento de este chakra, cuyas funciones son entre otras la eliminación de las toxinas así como la desintegración y vuelta a la tierra de los alimentos que ingerimos.

En el Muladhara se juntan los tres nadis principales cuya unión conforma un triángulo invertido que dirige la energía hacia abajo. El movimiento es descendente, y en efecto, del mismo modo que las raíces crecen hacia abajo, la primera experiencia con los chakras consiste en mover la energía hacia abajo por la espina dorsal, hacia las piernas y los pies en busca de las raíces ancestrales que nos gobiernan.

El sonido de este chakra es la sílaba sagrada LAM, que bloquea el movimiento descendente de la energía.

La forma del símbolo hinduísta es un cuadrado amarillo con una flor de loto de cuatro pétalos cada uno de ellos conectado aun nadi principal. Aquí, el 4 no representa una cifra sino el número de la encarnación en los cuatro elementos. Dominar el mundo físico es lo que nos aporta seguridad, por lo que el peor enemigo de este centro es el miedo, pues es quien desestabiliza las sensaciones de seguridad y estabilidad que idealmente debería aportar este centro.

Muladhara abierto

Este chakra funciona bien en aquellas personas que han desarrollado seguridad y fuerza interior. Personas que no tienen miedo a perder algo o morir.

La persona muestra un poderoso deseo de vivir la vida. Cuando la fuerza vital está en pleno funcionamiento a través de los chakras inferiores, en combinación con un poderoso flujo que desciende por las piernas, con éste llega una afirmación clara y directa de la potencia física.

Son personas vitales con una fuerte voluntad de vivir. Además, cuando está centrado permite mantener nuestra salud física y mental en buen estado, diríamos que se toca de pies al suelo.

Mukadhara cerrado

La inseguridad será aquella señal que nos habrá de alertar a la hora de detectar un desequilibrio en este primer chakra. Si nos vemos incapaces de cubrir nuestras necesidades económicas, domésticas, alimentarias, etc., se nos va a generar un sentimiento de inseguridad que gobernará todo nuestro comportamiento.

Asimismo, un bloqueo en este chakra, produce una excesiva identificación con lo material, apego a la seguridad, el miedo al cambio o por el contrario, inestabilidad, falta de solidez, incapacidad para disfrutar de las satisfacciones y los logros.

Se evitará la actividad física, su energía estará baja y puede que incluso «enfermiza».

Activación de los chakras

En este chakra yace dormida la Kundalini Shakti o Fuerza Cósmica, cuando Kundalini despierta tiende a ascender hacia la cabeza por el Sushumna nadi, situado en la columna vertebral, despertando a su paso los diferentes chakras o centros energéticos. Una buena manera de mantener el equilibrio de nuestro primer Chakra es teniendo contacto con la naturaleza.

El Hatha Yoga y el Qi Yong son dos ejemplos aunque no los únicos, de actividades psicoenergéticas que persiguen una mejor administración de la energía.

En cualquier caso, todas las disciplinas destinadas a centrar al individuo, y a que este haga circular su prana o aliento vital conscientemente permiten abrir los canales sutiles.

Cuando realices los ejercicios y posturas que más adelante tratamos, intenta observar las regiones en las que notas cierto agarrotamiento. Una vez detectado, dirige tu atención hacia ellas y estira dichas zonas acompañadas de la respiración.

Posturas del primer chakra

Los movimientos y posturas de este primer chakra tienden a proporcionarnos fundamento y conciencia del cuerpo. Las partes del cuerpo que están aquí en contacto con la tierra serán los centros de nuestra atención: los pies, las nalgas, la espalda.

El puente

Estirado en decúbito supino o boca arriba levanta y flexiona las rodillas apoyando las plantas de los pies sobre el suelo a una distancia similar a la anchura de tus caderas. Mientras inhalas el aire efectúa la expansión del diafragma y continúa en la fase de exhalación mientras

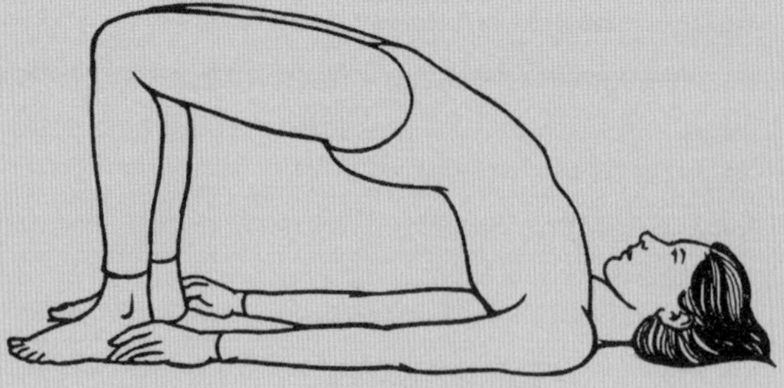

El puente

procedes a despegarte del suelo, como si quisieras tocar el techo con el abdomen, apoyando al mismo tiempo todo el peso en la planta de los pies y la zona cervical. Sigue tirando hacia arriba con los muslos y las ingles contrayendo a la vez los glúteos. Mantén unos momentos la postura sin dejar de empujar hacia arriba. Cuanto más alta sea la flexión mayores serán los beneficios. Cuando creas que no puedes más baja lentamente desde la parte superior de la espalda hasta llegar a la zona del coxis, que quedará apoyado relajadamente en el suelo.

El puente (nivel avanzado)

Partimos de la misma posición que el anterior pero manteniendo el cuerpo lo más unido posible, es decir estirados y con las piernas flexionadas tratamos de acercar al máximo los talones de los pies a nuestros glúteos. Sujetamos firmemente los tobillos con las manos, pues este será nuestro punto de apoyo.

Seguidamente levantamos la cintura mientras nos apoyamos en los tobillos y en la zona cervical.

Permanecemos en esta postura unos 20 segundos, luego bajamos lentamente la cintura, con lo cual sentiremos cómo cada parte se va aflojando, luego soltamos las piernas, las estiramos y descansamos.

Los beneficios de esta postura son innumerables pero entre otros, notaremos alivio en los relacionado al cansancio de piernas, dolor de espalda, así como el estiramiento del cuello y el pecho. También se emplea terapéuticamente en casos de osteoporosis, sinusitis y tensión alta.

La langosta

Se trata de permanecer boca abajo con las piernas levantadas.

Acuéstate boca abajo descansando la barbilla sobre el suelo. Coloca los brazos a los lados, con las manos metidas bajo los muslos y las palmas hacia arriba. Cuando inspires, levanta lentamente la pierna derecha. Trata de mantener las dos caderas en el suelo y respirar con normalidad. Al espirar baja la pierna hasta el suelo. Relájate girando la mejilla hacia un lado. Efectúa la secuencia con la otra pierna y repite varias veces alternativamente descansando unos momentos entre las sucesivas elevaciones mientras prestas atención a los desplazamientos de la energía en tu cuerpo.

Esta postura fortalece los músculos abdominales, espalda, pelvis y los órganos femeninos, da firmeza a los glúteos y combate la celulitis. Psicológicamente, refuerza el carácter y eleva la autoestima.

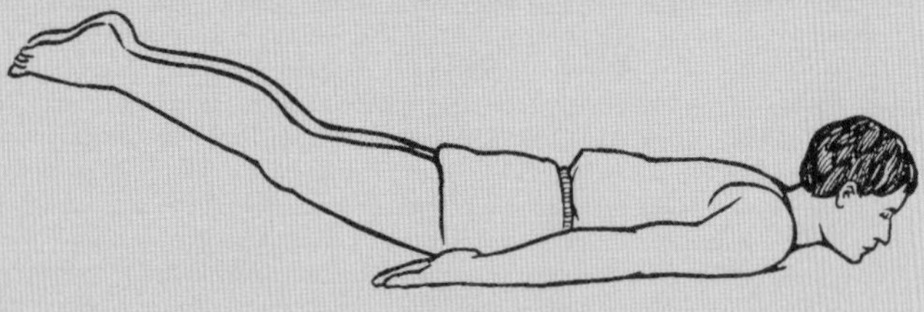

La langosta

El elefante

Con este ejercicio conseguirás vigorizar las piernas. Inclínate hacia abajo con las piernas algo flexionadas y apoya las palmas de las manos en el suelo. Si la postura estática te resulta incómoda puedes gatear hacia delante. Inhala y flexiona las rodilla hasta formar un ángulo de unos 45°; al exhalar estira las rodillas pero sin llegar a forzar nunca la posición.

Notarás, al cabo de unos minutos de repetir el ejercicio el tránsito de una corriente de energía en las piernas. Para finalizar yérguete hasta que vuelvas a la postura de pie.

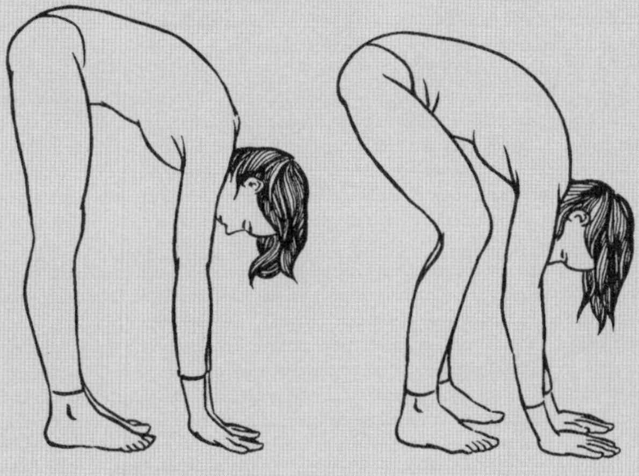

El elefante

Segundo chakra

Nombre sánscrito:	*Svadhisthana*
Localización:	Localización: Plexo hipogástrico, genitales, caderas (bajo el ombligo)
Significado:	Dulzura
Función:	Deseo, placer, sexualidad, procreación
Elemento:	Agua
Símbolo:	Loto de seis pétalos con un círculo y una media luna de color blanco azulado
Sonido raíz:	VAM
Partes del cuerpo:	Genitales, riñones, vejiga, sistema circulatorio
Sentido:	Gusto
Animal:	Pez, cocodrilo
Color:	Anaranjado
Incienso:	Iris, Gardenia, Sándalo
Alimentos:	Líquidos
Algunas deficiencias:	Adicción o inapetencia sexual, aislamiento
Camino yóguico:	TantraYoga

Este centro es la expresión del yin y el yang y de las polaridades inversas; la atracción de las mismas es el origen del movimiento y de los cambios del universo. Asimismo, regula todo lo concerniente al placer, las sensaciones, la sensualidad y la procreación. El principal impulso de este centro es la búsqueda del placer. No obstante, en este chakra también se da el conflicto entre sexos. Es el centro de nuestros sentimientos y nuestra creatividad. La capacidad de dar y recibir amor y placer en una relación de pareja, y por extensión, también está relacionado con la calidad de la relación amorosa que puede tener la persona.

Cuando nos apasionamos por la vida de manera controlada y creativa o cuando conseguimos perdernos espontáneamente en las maravillas de la vida modelando los instintos y pasiones hacia una expresión creativa, el chakra de la emotividad está en equilibrio.

Está relacionado con el elemento agua, por lo que resulta fácil su identificación con las características propias de este líquido: fluidez, movilidad, falta de permanencia en su forma yentrega. Asimismo, es el centro de la dimensión femenina, beneficiándonos de su adaptabilidad, flexibilidad y fluidez cuando la intuición es el motor de inspiración.

La traducción de la palabra sánscrita *Svadhisthana* es «morada propia» o bien «saborear con placer». De ahí que cuando se abre el segundo chakra estemos cerca de «beber con delicia las dulces aguas del placer».

El símbolo hinduista es un círculo con un loto rojo de seis pétalos.

En este chakra, la sílaba VAM libera los bloqueos por su fuerza vibrante y nos permite canalizar la energía en su ascenso a los centros superiores.

Con el fin de no verse atrapado en la dualidad de este chakra es mucho más aconsejable adoptar actitudes de voluntad tranquila e indiferencia exterior antes que el nerviosismo.

En este chakra el placer es un arma de doble filo, pues tan malo es evitar el placer como entregarse excesivamente a él. El secreto de su equilibrio reside en abrirse a su energía correspondiente, pero sin excederse en su apego (esto también sería extensible al resto de chakras).

Svadhisthana abierto

Seguramente esta persona disfrutará con el placer sexual, pudiendo dar y recibir generosamente. Del mismo modo no tendrá problemas para disfrutar con el coito y tener orgasmos, revitalizando y limpiando el cuerpo en un baño energético.

La persona con este chakra abierto será espontánea, competente y feliz.

La combinación de creatividad y pasión del segundo chakra es una de las razones por la cual los artistas suelen tener personalidades temperamentales y estar llenos de singularidades y caprichos. Un artista debe tener opiniones y pasión. Ve el mundo de una manera diferente. Desea algo y busca la manera de expresarlo, de darle nacimiento.

En el segundo chakra están mezclados el deseo y el placer, el dolor y el esfuerzo, para finalmente dar a luz tu creación. Cuando todos los demás chakras están equilibrados en relación con el segundo, la sexualidad se vuelve divertida, variada, expresiva, y raras veces tiene las connotaciones de confusión, dificultad, dolor o perversión que parecen ir en aumento en nuestra cultura.

Hay que tener cuidado, porque cuando este chakra está excesivamente abierto también sufriremos un desequilibrio. Este es el caso de aquellas personas que pasan con facilidad de un extremo al otro, o de aquellas personas con adicción sexual, pues son sus emociones quienes gobiernan en vez de dejar que fluyan y pasen.

Svadhisthana cerrado

Cuando este chakra se bloquea la persona permanecerá insensible, triste y se sentirá perturbado por las frustraciones.

Cuando se padece una deficiencia energética el temor al cambio se apodera de nosotros. Las personas que están a tu alrededor te perciben fríos o inexpresivos, casi insensibles. En estos casos suelen adolecer de excesivo autocontrol.

La principal tarea de recuperación tiene que ver con las emociones. Desgraciadamente, este trabajo no es siempre un ejercicio placentero. Una emoción, que seguramente fue desagradable y que por lo tanto fue reprimida en su día, comportará una vuelta desagradable a aquellos sentimientos. Será un proceso duro, por medio del cual volveremos a sentirnos vulnerables, tristes o enfadados y atemorizados. Sin embargo, una vez expresada y libre, dicha emoción permitirá el movimiento de las energías que se centraban alrededor del dolor y en consecuencia volverán a expandirse hacia el placer.

Posturas del segundo chakra

Algunas de las mejores posturas que ayudan a descongestionar y activar el chakra Swadhisthana son aquellas que tienen fluidez, como el Saludo al Sol, posturas con el abdomen hacia el suelo, posturas hacia delante llevando el abdomen hacia las piernas, las que se asocian con la pelvis y sobre todo en las que hay un movimiento de pelvis haciendo hincapié en la parte anterior y posterior de esta.

La postura del ángulo

Siéntate en el suelo y separa las piernas. Pon ambas manos en el suelo con las puntas de los dedos adelante y dirige la mirada también hacia delante. Da un paso hacia delante con las nalgas de manera que te obligue a estirar un poco más las piernas. (Puedes ayudarte colocando una mano detrás, que te sirva para empujarte.)
Con este movimiento levanta al mismo tiempo las caderas (el estiramiento de las piernas debe ser confortable, nunca fuerces). Mantén la espalda recta.
Aguanta esta posición y junta las manos en frente de tu pecho. Respira lentamente y concéntrate en la zona del chakra.
Finalmente, inclínate hacia delante lo más lejos posible apoyando las manos en el suelo. A medida que te inclines trata de no encorvar la espalda (conserva la espalda totalmente recta aunque sin tensión).
Ayuda notablemente al trabajo intestinal. Muchas mujeres encuentran esta postura beneficiosa durante la menstruación.

La postura de la diosa

Estirada boca arriba flexiona las rodillas y deja que se abran hacia los lados. El peso de las piernas actúa tensando la cara interna de los muslos.
No has de forzar la apertura ni te preocupes de si has de separar más o menos las rodillas. Lo importante aquí es notar la sensación de apertura.

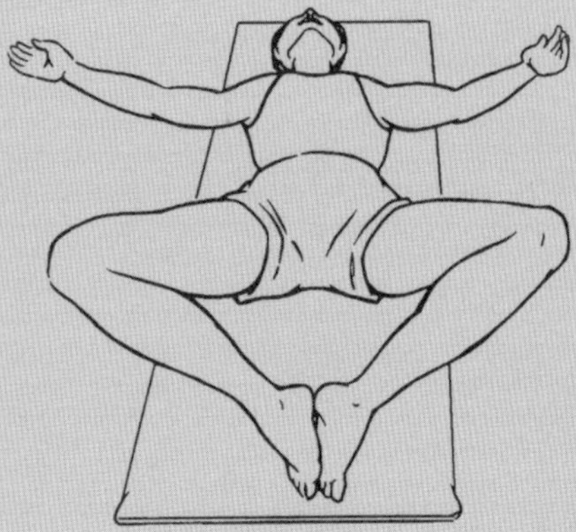

La diosa

Balanceo pélvico

Partiendo de la postura anterior, une las rodillas y levántalas hacia el pecho. Cógete la muñeca con una mano y deja que los brazos sostengan el peso de las piernas de manera pasiva. Trata de pegar al suelo la zona lumbar de la espalda. Para eso debes contraer el vientre y notarás que las nalgas se mueven hacia arriba.

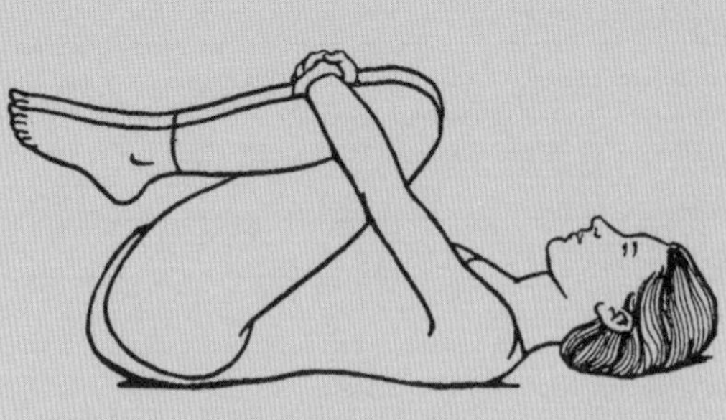

Balanceo pélvico

Postura del gato

Colócate de rodillas sobre el suelo apoyando también las manos. Adopta la postura de un gato.
Separa tus rodillas al ancho de tus caderas, y procura que tus manos estén separadas y alineadas con tus hombros.
Cuando inspires levanta la cabeza y los glúteos permitiendo que la zona lumbar se hunda ligeramente hacia el suelo.
Cuando exhales, has de realizar el movimiento inverso; hunde el abdomen, curva la espalda como un gato y mueve la cabeza hacia abajo mirándote el ombligo.
Repite este movimiento coordinándolo con tu respiración 5 o 7 veces, a un ritmo de movilidad adaptado a tu ritmo respiratorio, de manera suave y con movimiento lento que fluya al igual que fluye tu respiración.
Aporta grandes beneficios a la espalda.

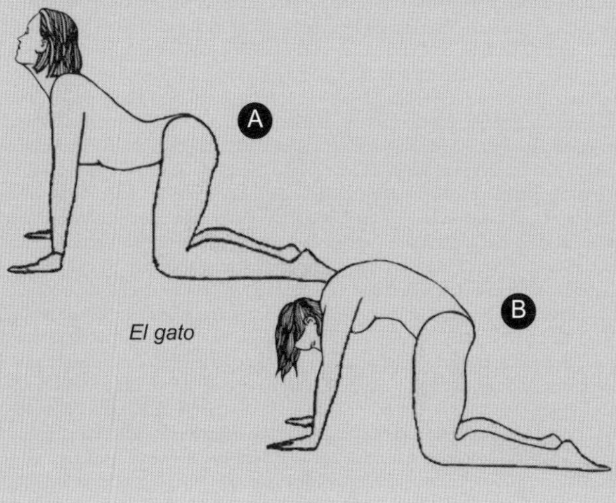

El gato

Tercer chakra

Nombre sánscrito:	*Manipura*
Localización:	Plexo solar, entre el ombligo y la base del esternón
Significado:	Gema brillante
Función:	Voluntad, poder
Elemento:	Fuego
Símbolo:	Loto de diez pétalos con triángulo rojo apuntando hacia abajo
Sonido raíz:	RAM
Partes del cuerpo:	Aparato digestivo, músculos
Sentido:	Vista
Animal:	Carnero, León
Color:	Amarillo
Incienso:	Clavel, sándalo, almizcle, azafrán, canela
Alimentos:	Féculas
Algunas deficiencias:	Afán de dominio, cóleras frecuentes, úlceras de estómago, diabetes, hipoglucemia. Por defecto, timidez, adicción a sustancias estimulantes.
Camino yóguico:	KarmaYoga

Es el centro solar de la voluntad y del poder. La dualidad de las polaridades producidas por el chakra anterior se equilibra para permitir la expresión de este poder. Debido a su localización también se llama chakra umbilical, ya que se encuentra entre el esternón y el ombligo.

Su nombre significa el «asiento del alma» y está asociado al elemento fuego.

Es el centro de la interacción con el Universo, y del proceso digestivo. Se encarga de las funciones metabólicas y es el responsable de la regulación y distribución de la energía por todo el organismo. Dado que es un conversor de energía, el aparato digestivo tiene un papel importante.

Asimismo, se relaciona con las actividades vegetativas. Mientras que el chakra Muladhara y Swadhisthana tienen un movimiento descendente, el chakra Manipurase mueve hacia arriba debido a la cualidad del fuego y el calor.

Este es un chakra que aporta luz, es ardiente, como su nombre indica, y por la misma razón desprende energía.

Cuando la conciencia superior de la persona fecunda la energía ascendente de Manipura, permite que la voluntad perteneciente a este chakra se exprese y se ponga al servicio de lo divino. Con ello, el yogui traspasa este chakra para trascender su deseo de realización formal en espiritual.

La cifra 10 simboliza el principio de la unidad que está incluido en su forma circular. El carnero representa al animal de este centro, que embiste agresivo, como el león.

Los dos chakras anteriores se combinan para darnos, el primero, la estabilidad y solidez, y el segundo, el deseo, que es el motor del cambio y la contemplación de lo diferente por medio de la dualidad. En combinación nos desarrollamos por encima del instinto de supervivencia hacia el deseo de placer y de la unión con el otro.

En este chakra se unen la tierra y el agua con el fuego, que es el que transforma todo ello en energía. Psicológicamente, es la chispa de entusiasmo que enciende el poder y la voluntad. Ese fuego de la voluntad es quien nos empuja hacia arriba en el recorrido que nos conduce hacia los demás chakras superiores.

Nuestra voluntad es quien nos da la fuerza para iniciar las empresas difíciles y superar convenciones establecidas. De ahí que la misión de este chakra consista en superar esas convenciones previas, esas inercias que nos retienen e impiden el movimiento y la transformación.

Manipura abierto

El chakra Manipura nos hará personas positivas, más joviales y confiadas en nuestras capacidades. Seremos capaces de alcanzar nuestros objetivos pero respetando a los demás.

Los elementos correspondientes a este chakra se desarrollan durante la infancia. Guarda relación con la capacidad de cumplir los objetivos que uno se ha fijado. El tercer chakra es el centro de la capacidad personal y la expresión de la creatividad mediante un uso equilibrado de la misma. Los trastornos del aura en este centro pueden denotar cualquier cosa: desde timidez y temor hasta un poderoso impulso de manifestar sentimientos de ira y rabia.

En este aspecto el trabajo de este chakra consistirá en reunificar las partes de sí mismo. Por lo que nuestra tarea debe consistir en considerarnos a nosotros mismos como agentes de nuestra propia vida evitando con ello convertirnos en los sujetos pacientes típicos del victimismo, en donde la propia voluntad es inexistente y su carencia nos empuja a considerar a los demás responsables de nuestra desgracias o frustraciones.

Cuando tenemos este chakra abierto consideramos las dualidades como oportunidades para escoger, seleccionar con conciencia lo que deseamos enfrentándonos a las dificultades del camino.

Ser capaz de concentrar la voluntad para lograr lo que se quiere y relajarla para disfrutar lo que se ha conseguido es uno de los secretos de este tercer centro. El equilibrio da la flexibilidad para adoptar la cooperación más que la competencia hacia los demás. El respeto hacia los demás y hacia uno mismo también se alberga en Manipura.

Manipura cerrado

Una mala gestión de este centro se traduce físicamente en ingerir más alimentos de los necesarios y perfilar esas barrigas hinchadas denotativas de un excesiva necesidad de ostentar poder, de ejercer influencia y dominar a los demás. Como hemos dicho anteriormente, el aparato digestivo es un buen medidor del funcionamiento de este chakra. Cuando no se metabolizan bien los alimentos es que no se están asimilando adecuadamente y en consecuencia la conversión de estos en energía no es correcta. Del mismo modo, el chakra deficiente mostrará a una persona excesivamente discreta con un rechazo exagerado a destacar y un temor excesivo a asumir el poder, además de falta de autoestima.Las situaciones de estrés y ansiedad, tan frecuentes en nuestros tiempos,se manifiestan en nuestro plexo solar en esa especie de nudo en el estómago tan típico.

La excesiva energía en este chakra provocará la imposibilidad de su canalización. La voluntad de actuar es tan desordenada y potente que se adueñará de la serenidad transformándose en una corriente iracunda cargada de impaciencia. No es extraño que el daño en este chakra configure caracteres encolerizados que necesitan constantemente la dosis de sustancias opiáceas o calmantes.

Posturas del tercer chakra

Como siempre, en estos ejercicios nuestra atención se centrará en el plexo solar. Asimismo, son ejercicios que ponen en juego los músculos que proporcionan sustento a esta región del organismo. Aunque en este caso, dado que este chakra activa y comunica potencia también a todo el cuerpo, los ejercicios cardiovasculares como caminar y correr serán altamente beneficiosos.

El leñador

Con los pies firmemente asentados en el suelo y separados a mayor distancia que la de tus hombros, flexiona siempre las rodillas y eleva los brazos juntos por encima de la cabeza, doblando ligeramente la espalda hacia atrás (como si fueras un leñador que está cortando un

tronco con el hacha). Exhalando, baja hacia delante toda la parte superior del cuerpo y mete los brazos entre las piernas llegando incluso más atrás.
El movimiento debe ser fluido y rápido. Repítelo entre cinco y diez veces.

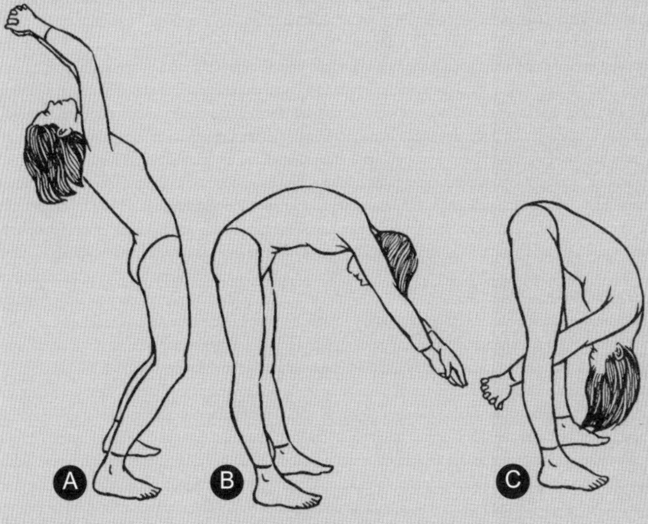

El leñador

Postura del camello

Ponte de rodillas sobre el suelo separando estas a la misma distancia que tus caderas. Los pies también estarán ligeramente separados y con los dedos apuntando directamente hacia atrás y en contacto con el suelo.

Contrae los glúteos pero sin que lleguen a estar duros. Coloca las manos en la base de la espalda con los dedos hacia abajo para ofrecer mayor protección. Mantén la pelvis estable inclínate suavemente hacia atrás levantando el esternón hacia el cielo para estirar las vértebras. Junta suavemente los omóplatos y curva el tórax. Sitúa las manos, una después de la otra, sobre los talones con los dedos en dirección a los dedos de los pies. Deja el peso del cuerpo sobre las manos. Mantén la postura unos instantes.
Esta postura activa el sistema respiratorio, elimina el dolor en el cuello, hombros y columna vertebral, así como el dolor de cabeza y problemas de la voz.

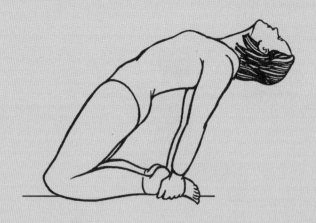

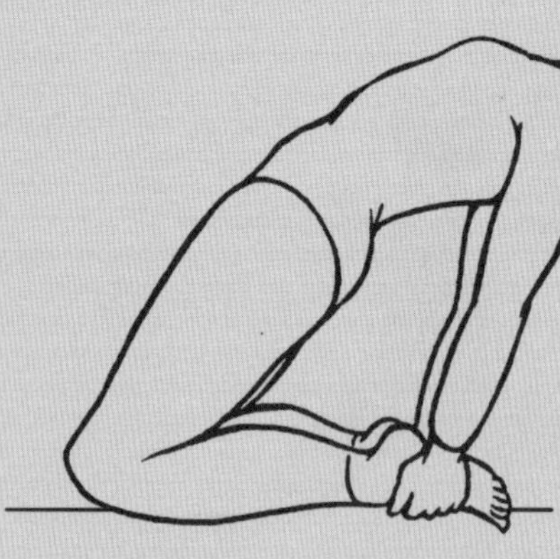

El camello

El guerrero

Colócate con los pies ampliamente separados. Gira el pie derecho unos 90⁰ hacia fuera mientras mantienes el pie izquierdo alineado con la rodilla. Levanta los brazos a la altura de los hombros y mantenlos estirados con las palmas de las manos hacia abajo. Gira la cabezaa la derecha y dirige la mirada a un punto fijo. Procura que tus caderas se mantengan centradas y el torso erguido. Dobla la pierna derecha hasta que esta quede alineada con el talón y empuja el coxis hacia el talón de la pierna izquierda. Vuelve a realizar la postura con el otro lado. Esta postura ayuda a fortalecer las piernas, abrir las caderas y el pecho, y aumentar la concentración y el equilibrio. También mejoran la circulación sanguínea, y aumentan la energía en el interior del cuerpo.

El guerrero

Cuarto chakra

Nombre sánscrito:	*Anahata*
Localización:	Corazón
Significado:	Indemne
Función:	Amor
Elemento:	Aire
Símbolo:	Loto de doce pétalos con estrella de seis puntas verde oscura
Sonido raíz:	YAM
Partes del cuerpo:	Pulmones, corazón, brazos, manos
Sentido:	Tacto
Animal:	Antílope
Color:	Verde
Incienso:	Espliego, jazmín
Alimentos:	Hortalizas
Algunas deficiencias:	Soledad, respiración superficial, melancolía, apego excesivo, dependencia
Camino yóguico:	BhaktiYoga

El chakra Anahata es el chakra que se sitúa en el centro de nuestro sistema energético, por eso tiene una importancia especial. Es el comunicador entre los chakras inferiores, más materiales y los superiores, más espirituales.

Es nuestro regulador del amor, entendiendo el amor con todos sus matices, desde el amor posesivo hasta el amor universal. También es el regulador de la compasión y el perdón.

Tras tomar conciencia de uno mismo y amarnos a nosotros mismos, el individuo empieza a fijarse en los demás e irradiar hacia ellos el respeto y la confianza que merecen. Hay que tener en cuenta que la apertura de este centro es directamente correlativa a la merma del ego, pues es el centro a través del cual amamos.

En el plano psicológico, los elementos correspondientes a este chakra se desarrollan especialmente en la adolescencia.

Su papel fundamental dentro del sistema es el de equilibrar las distintas partes de la persona y de su relación con los demás, reajustándose constantemente con el fin de adaptarse a las diferentes situaciones.

Su símbolo es un loto de doce pétalos, con una estrella de seis puntas verde oscura en el centro. Este hexagrama antiquísimo simboliza el encuentro entre el agua y el fuego, entre la luz y la oscuridad, lo femenino y lo masculino.

La sílaba YAM hace vibrar el corazón y canaliza la energía hacia arriba.

Dado que su elemento es el aire, la respiración es una de las claves para abrir este chakra. El aire, gracias a su capacidad de repartirse por todos lados se distribuye también por todo el cuerpo. Con él se conseguirá que cada célula reciba el oxígeno necesario, el cual será distribuido por el sistema circulatorio en donde el órgano rey es el corazón.No hay que olvidar que la función de la respiración no consiste solo en lo descrito anteriormente, sino que también tiene un papel fundamental en la eliminación de las toxinas acumuladas en nuestro organismo, desahogo de las emociones reprimidas,y actuación sobre los estados de conciencia, etc. El corazón, el órgano rey en este complejo sistema gestiona el transporte de nuestra energía y logra que mente y cuerpo, el yo y los demás, el interior y exterior se conecten proporcionando en nosotros una sensación de plenitud.

Uno de los objetivos de este chakra consiste en establecer un estado de equilibrio dentro de nosotros mismos así como en nuestras relaciones y en abrirnos a la compasión y al amor.

Anahata abierto

Un chakra en buen estado permitirá irradiar bondad, calidad humana y alegría. Es el chakra que nos empuja a estimar al prójimo desinteresadamente. Hemos dejado de lado el ego y estamos por encima de los imperativos de los instintos. Tenemos la capacidad de procesar y considerar nuestro alrededor. Es el chakra de la expansión de los sentimientos positivos.

Es el chakra que hace despertar los sentimientos de entrega y compasión, dado que su función principal es la del amor. En él confluyen los tres chakras inferiores y los tres superiores. Cuando está abierto conecta lo espiritual con lo emocional y lo físico. De ahí el símbolo de la estrella de seis puntas, pues en ella se unen lo material elevándose hacia lo espiritual y lo espiritual manifestándose en lo material. El equilibrio es el principio que impera en él, su emplazamiento es incluso el centro de todo el sistema energético: de los tres chakras inferiores y de los tres superiores.

En un estado óptimo el chakra Anahata da la posibilidad de elevar y equilibrar las energías de carácter enfermizo, morboso y negativo. Proporciona la curación de ciertas enfermedades, la autocuración, la comunicación con los animales y con las plantas, etc.

Anahata cerrado

Cuando nuestro chakra se encuentra en un estado de falta de energía el individuo que lo sufre sentirá una presión en el pecho, así comodificultad para respirar. El sufrimiento interior provocará una tendencia al aislamiento y una ruptura con el entorno. Dado que el sujeto sufre y no se gusta a sí mismo, tampoco puede irradiar belleza al resto. Una de las principales funciones de este chakra se verá mermada. El amor incondicional profesado a los demás dejará de existir y en consecuencia las relaciones también se verán afectadas llegando, en algunos casos extremos a provocarse la ruptura. La cesión y el sacrificio que implica mantener relaciones largas se verá imposibilitado por la ausencia de equilibrio, reinará por lo tanto, la sensación de desconexión y falta de unión.

Por otro lado, el exceso también provocará una generosidad desmesurada y fuera de lugar, que junto a la emotividad y pasión sin control derivará en una exigencia injustificada. La persona se vuelve excesivamente dependiente en un afán sin medida por entregarse al prójimo. La única restitución posible consiste en alcanzar, como siempre el equilibrio sano.

Posturas del cuarto chakra

Las torsiones en general son unas asanas que favorecen la apertura del cuarto chakra, así como las zonas que aunque no estén directamente relacionadas con él necesitan abrir determinadas regiones que pueden haberse anquilosado alrededor del chakra en cuestión impidiendo que los estímulos lleguen a ella.

Postura de la media torsión

En esencia, se trata de girar la columna desde las vértebras inferiores progresivamente hacia arriba, culminando con la rotación de las vértebras cervicales al girar la cabeza. En la postura final se intensifica la torsión espinal estirando la columna al inspirar y acentuando el giro del tronco y de la cabeza al espirar.

Siéntate en el suelo con las piernas juntas y extendidas. Coloca el talón derecho debajo del muslo izquierdo y pon el pie izquierdo encima del muslo derecho apoyando la planta del pie en el suelo.

Seguidamente, gira el hombro derecho e intenta que la rodilla izquierda pase por debajo de la axila derecha.

Estira el brazo izquierdo y apóyalo en la cara interna del la rodilla. Con la mano cógete el dedo pulgar del pie. Flexiona el brazo izquierdo y ponlo detrás de la espalda. Ahora gira el cuello y la cabeza hacia la derecha. Mantén esta posición unos segundos.
Repite el ejercicio con el lado contrario.

Apertura del tórax

De pie, coloca los brazos en la espalda y une las manos tratando de que los codos se toquen. Saca pecho y tira los hombros hacia atrás. Respira hondo y date impulso con los brazos para realizar rotaciones con el torso.

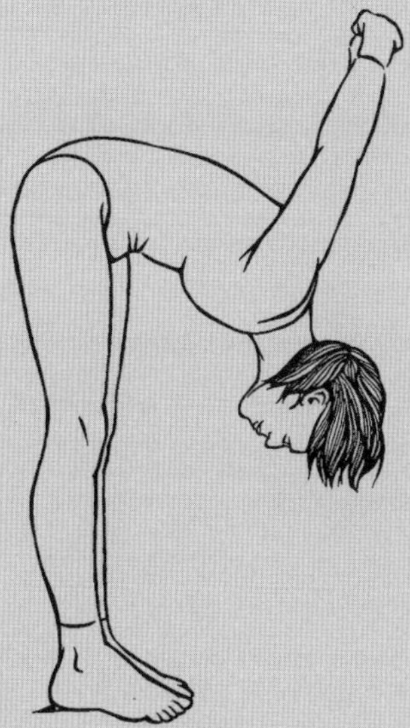

Apertura tórax

Posición de roca

Colócate de rodillas y siéntate sobre los talones. Seguidamente apoya las manos detrás de los pies, de manera que los brazos te queden totalmente estirados. Echa los hombros también hacia atrás junto con la cabeza y el cuello. Sostén la postura unos instantes mientras respiras lenta y profundamente.
Esta posición relaja la tensión de la columna vertebral media y alta. Mantiene el fluido espinal en movimiento y estimula el aumento de la energía Kundalini a través de la espina dorsal.

La cobra

Acuéstate boca abajo y mantén la punta de los pies apoyada en el suelo. Apoya las manos en el suelo a la altura del pecho. Inspira y levanta el cuerpo suavemente hacia atrás. A medida que realizas el movimiento contrae los glúteos y los muslos abriendo bien el pecho. Mantén la postura entre 30 segundos y un minuto respirando por la nariz profundamente y de manera relajada. Vuelve a la postura de relax y realiza el ejercicio nuevamente.
Entre sus beneficios se destaca la flexibilidad que otorga a la columna vertebral y la estimulación de los riñones. Además tiene efectos en los órganos abdominales, debido a la presión contra el suelo, ayuda a la correcta circulación, regula el ritmo cardíaco y expande el tórax.

También estimula a las glándulas tiroides y paratiroides. Sólo está contraindicada en quienes sufren de hipertensión o hernias lumbares

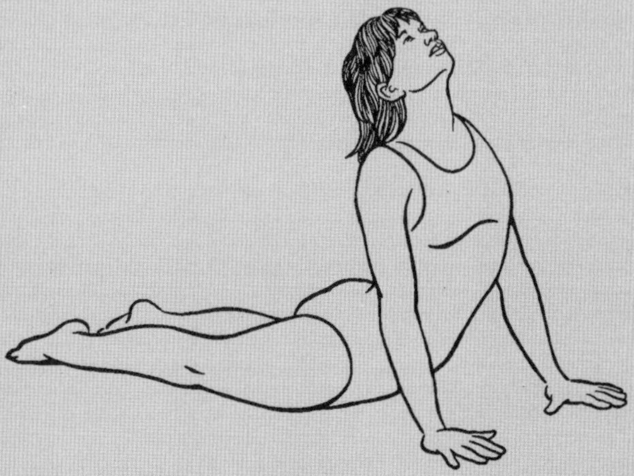

La cobra

Quinto chakra

Nombre sánscrito:	*Vishuddha*
Localización:	Garganta, plexo tiroideo
Significado:	Purificación
Función:	Comunicación
Elemento:	Sonido
Símbolo:	Loto de dieciséis pétalos con un círculo y una media luna
Sonido raíz:	HAM
Partes del cuerpo:	Cuello, hombros, brazos, manos
Sentido:	Oído
Animal:	Elefante
Color:	Azul brillante
Incienso:	Incienso
Alimentos:	Frutas
Algunas deficiencias:	Dolor de garganta, tortícolis, resfriados, dificultades auditivas
Camino yóguico:	MantraYoga

Se localiza en la parte frontal de la garganta y se cree que influye en la glándula tiroides, la cual afecta el metabolismo, la musculatura y el control del calor del cuerpo. También actúa sobre la laringe, los bronquios, los pulmones y el esófago.

Después de haber alcanzado el amor universal, queda la gran pureza, que es la que le da nombre a este centro. El significado de la palabra en sánscrito es el de purificación.

El sonido es el elemento asociado a este chakra, el cual es vibración, y el hecho de hablar o cantar puede incluirnos en un todo armónico. Por eso, uno de sus atributos es todo aquello relacionado con el habla, la escritura, y en definitiva, las artes que tienen que ver con el sonido y la palabra.

Asimismo, en lo referente a las relaciones, este chakra transmite y recibe las comunicaciones que proceden de nuestro interior y las que vienen del exterior, de ahí que el arte de saber escuchar se incluya dentro de sus cualidades.

De acuerdo con el camino ascendente que vamos realizando en nuestro itinerario energético, se va produciendo la Senda de la Liberación y vamos traspasando las fronteras y limitaciones de la materia. La comunicación supone una expansión de las conciencias, pues la información contenida en un cerebro pasa al otro cuando esta es transmitida. Sin embargo, la comunicación también es un camino de doble sentido, que es el de la Manifestación, el que desciende y delimita las cosas. El nombrar las cosas enfoca la conciencia por cuanto las limita y reduce su grado de abstracción. En consecuencia, el quinto chakra funciona de puerta entre el cuerpo y la mente. Quienes llegan a este despertar consiguen irradiar las cualidades inherentes a Vishuddha, cualidades como la capacidad de expresar y transmitir emociones, saber escuchar, cultivar la inspiración y la creatividad. Todas estas características se desarrollan especialmente en la edad adulta.

El símbolo es un círculo blanco con un loto violeta de dieciséis pétalos y una media luna plateada en la base del círculo. En este caso, el círculo blanco inscrito en el triángulo representa la luna llena. Dentro de este círculo inscrito en un triángulo invertido aparece el elefante Airavata, de muchos colmillos, que entodo el conjunto simboliza la manifestación del habla.

El sonido, en calidad de elemento purificador, hace vibrar el cerebro y purificar la energía mental cuando se pronuncia la sílaba HAM.

Hay que tener en cuenta que para llegar con éxito al quinto chakra y abrirlo, el cuerpo debe haber alcanzado cierto grado de purificación.

Vishuddha abierto

Con un chakra del cuello equilibrado, podemos expresar clara y sinceramente nuestros sentimientos, pensamientos y emociones. El individuo no es influenciable ni se deja llevar por las opiniones de los demás, sino que se muestra independiente y con capacidad de autodeterminación.

El chakra de la garganta en buen funcionamiento permitirá el paso de una vibración específica para las palabras o el canto y la transmisión de los sentimientos o las ideas. Además en este centro abierto el corazón encuentra el camino de la expresión y despierta la capacidad de escucha.

Cuando logramos abrir este chakra conseguimos una comunicación más eficiente, y una mayor capacidad para expresar nuestro yo verdadero, es decir, mayor creatividad en ese sentido. Nuestra voluntad de hacer se transmitirá de manera respetuosa y considerada con nosotros mismos y con el prójimo.

Como se ha mencionado anteriormente, el trabajo de purificación y activación de los chakras anteriores hará que se generen ideas dignas de ser expresadas.

Vishuddha cerrado

Los trastornos del aura en la zona del quinto chakra pueden indicar alteraciones en el metabolismo, una obsesión neurótica con un comportamiento carente de sentido, falta de autodisciplina e incapacidad para expresar los sentimientos.

Asimismo aquellas personas que hablan demasiado y no dicen nada o muy poco, o las que hablan a gritos sin atender a sus interlocutores en una especie de vómito de palabras sin control padecen un exceso de energía en el chakra de la garganta.

Por el contrario, la personas con deficiencias energéticas en este centro, verán mermadas sus facultades comunicativas, se verán afectados en ocasiones por afonías y agarrotamiento de hombros. Muchas veces la falta de autoestima provocará este tipo de afecciones, que además, los conducirá hacia una actitud pasiva y de estancamiento general.En ocasiones, también tendrá miedo al fracaso y a no agradar a los demás por lo que al no querer enfrentarse a todo ello revestirá sus temores de orgullo y mentiras. En general se convertirán en personas inseguras incapaces de alcanzar nuevos retos.

Posturas del quinto chakra

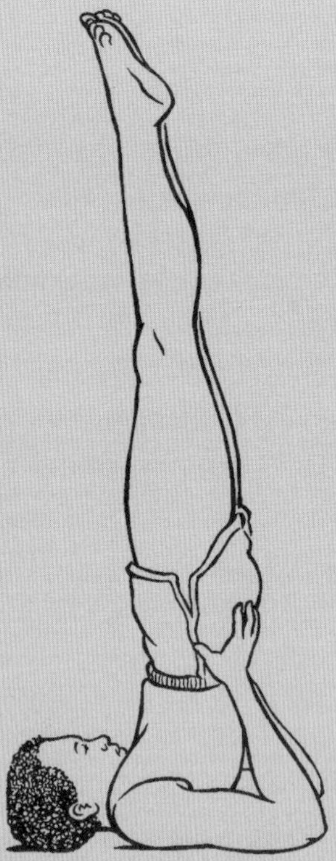

El candelabro

El candelabro

Como otras posiciones invertidas no es recomendable en personas hipertensas, por lo que ante cualquier duda o en circunstancias especiales, como el embarazo, deberás consultar con tu médico antes de realizarla.
Túmbate de espaldas, con los brazos a los lados y relájate. Dobla las rodillas y levanta las piernas hacia el pecho doblando la espalda.
Levanta las caderas y las piernas por encima de los hombros, ayudándote con las manos en las ca-

deras y los codos apoyados en el suelo. Prolonga la postura mientras no cause malestar.
Esta asana de yoga favorece la irrigación sanguínea al cerebro y el retorno venoso desde los miembros inferiores, por lo que es beneficiosa en el tratamiento de las varices.
Por otra parte, produce un gran estiramiento de la zona del cuello, lo que alivia las contracturas cervicales.

El arado

Esta posición aumenta la irrigación cerebral y tiene efectos sobre el sistema simpático. Por otra parte, brinda fuerza y flexibilidad a la zona de la espalda y el cuello, combate el insomnio y ayuda a desarrollar el equilibrio mental, al aumentar la relajación.
Colócate tumbado boca arriba con los brazos rectos y a los lados del cuerpo. Las palmas apoyadas firmemente en el suelo.

El arado

Levanta lentamente las piernas, que van estiradas y juntas hasta que queden verticales. Con un movimiento lento y continuo levanta despacio las piernas, estiradas y juntas, hasta que queden verticales; al mismo tiempo levanta y dobla las caderas, separando la espalda del suelo con los muslos hacia el pecho. Trata de llevar las piernas por detrás de la cabeza para tocar el suelo con los pies.
Una vez en la postura aleja los pies de la cabeza para acentuar la curvatura de la parte superior de la espalda y, especialmente, de la nuca. Mantén las piernas rectas y relaja todo el cuerpo. En el caso de que los pies no bajen hasta el suelo apoya las manos en la zona lumbar, con los codos fijos en el suelo, para que los brazos mantengan el peso de la espalda con seguridad.

Postura del pez

Estírate boca arriba, con los brazos estirados a los lados y las palmas de las manos firmemente apoyadas en el suelo. Apóyate en los codos levantando el pecho hasta quedar medio sentado. Las piernas y las nalgas deben permanecer en contacto con el suelo.
Inclina la cabeza hacia atrás de modo que la parte superior se apoye en el suelo, con el pecho expandido. El peso debe seguir concentrado en tus codos.
Mantén esta postura unos instantes y ve prolongando su duración.
Además de estimular la función respiratoria y de las glán-

dulas tiroides y paratiroides, corrige la mala postura de encorvamiento de los hombros hacia adelante.

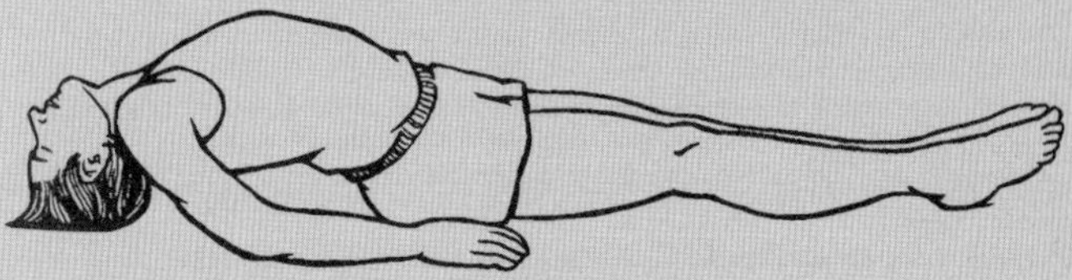

El arado

Sexto chakra

Nombre sánscrito:	*Ajna*
Localización:	Nacimiento de la nariz, entre las cejas
Significado:	Percibir, disponer
Función:	La vista, la intuición
Elemento:	Luz
Símbolo:	Loto de dos pétalos o con un círculo blanco
Sonido raíz:	OM
Partes del cuerpo:	Los ojos
Sentido:	La vista
Animal:	Lechuza, mariposa
Color:	Índigo
Incienso:	Artemisa, anís, azafrán
Alimentos:	Enteógenos
Algunas deficiencias:	Jaquecas, pesadillas, cefaleas, problemas de la vista
Camino yóguico:	YantraYoga

Con frecuencia se le denomina tercer ojo porque es el centro de la visión interior, exterior y de la percepción extrasensorial.

Los médiums y los terapeutas ven con él la calidad de la radiación áurica o los desequilibrios en los chakras, perciben vidas pasadas, y auguran futuros medianamente cercanos. En este centro almacenamos nuestros recuerdos, percibimos nuestros sueños e imaginamos nuestro porvenir. Todo en él está relacionado con la capacidad de visualización. Es el que todo lo ve. Por eso en él también está incluida la intuición. Porque esta es la capacidad de captar situaciones por vías ajenas a la lógica.

El símbolo, un loto de dos pétalos ha recibido varias interpretaciones: dos pétalos que pueden corresponder a los dos mundos de la realidad, los dos nadis Ida y Pingala entrelazados, o bien los dos pétalos como representación del blanco del ojo que rodea al iris.

Se cree que este chakra ejerce una notable influencia sobre el sistema endocrino, como puede ser la hormona del crecimiento o las concentraciones de sodio y potasio. También es quien gestiona las sensaciones, sentimientos y acciones que escapan a nuestro control consciente.

El poder de nuestra mente se canaliza por medio de este chakra. En él reside nuestra capacidad para autoevaluarnos y no dejarnos llevar por los juicios ajenos. Nuestra mente tiene la capacidad de proyectar y plasmar lo que en ella se gesta. Por eso observar nuestros pensamientos y valorar de qué tipo son, positivos o negativos, la percepción de los obstáculos de la vida más que sus ventajas, y cómo nos valoramos a nosotros nos sirve para tener en cuenta el poder mental, es decir, nosotros somos los arquitectos de nuestro recorrido vital. De lo desarrollado que estén el sexto y séptimo chakra dependerá que todo salga como esperábamos.

Un aspecto de especial importancia que está relacionado con este chakra es el de los sueños. Trabajar con ellos nos permite desarrollar a Ajna y entrar en contacto con un poderoso y rico mundo interior. Las imágenes y emociones plasmadas por el inconsciente son material revelador que contemplados bajo el prisma y trabajo de la meditación suponen una rica fuente de conocimiento personal.

El sexto chakra también gestiona nuestro sentido superior de telepatía, empatía, poderes extra sensoriales, y todas las otras habilidades que están latentes en el 85% de nuestro cerebro y que normalmente no usamos.

Ajna abierto

El sexto chakra en buen funcionamiento nos proporciona una mayor habilidad intelectual y psíquica. La memoria se desarrolla adecuadamente y las percepciones suelen ser acertadas. Nuestra habilidad de visualización se amplifica al poder viajar conscientemente dentro de las dimensiones superiores de nuestra realidad interior, asimismo la imaginación se expande y somos capaces de proyectar nuestras visiones e imaginaciones al mundo externo.

La intuición y la visión ampliamente desarrollada se hará transparente permitiendo percibir directamente las fuerzas que actúan detrás de la superficie de las apariencias exteriores. El llamado sexto sentido se convierte en uno más de los utilizados comúnmente.

Un sexto chakra abierto nos proporciona una mirada limpia y libre de patrones. Ajena a los prejuicios internos y externosen donde el espíritu es el verdadero regidor de las percepciones.

Ajna cerrado

Cuando el sexto chakra no funciona armónicamente la persona puede ser obstinada, autoritaria y materialista. Ese materialismo seguramente vendrá provocado por el excesivo racionalismo con el que se encara la vida. Si no se deja paso a la intuición verdadera no hay paso para la verdad de nuestro verdadero yo, el resultado es el escepticismo ante todo aquello que no pase por el filtro de lo comprobado científicamente.

La persona se vuelve olvidadiza y con dificultades para concentrarse. Es posible que aparezcan problemas relacionados con la visión que, en definitiva no son más que una señal de aviso ante la falta de atención hacia el propio interior y hacia todo aquello que se encuentra bajo la superficie visible.

Si la apertura del sexto chakra supone la adecuada interpretación de las intuiciones, el flujo irregular de la energía en este centro implicará su mala interpretación, junto con una reacción desacertada.

Otra de las afecciones que puede sufrir una persona en este estado es la ceguera ante las realidades más sutiles de su entorno. Se diría que son personas insensibles, no están atentos a las insinuaciones ni tienen la capacidad de leer entre líneas.

En casos extremos pueden surgir fantasías paranoicas, pesadillas y alucinaciones.

Posturas del sexto chakra

Haremos un primer acercamiento a la activación del chakra ajna. Hay que tener en cuenta que dado que en este caso tratamos ya con los aspectos más sutiles de nuestra naturaleza y nuestro alrededor, no podemos esperar que se manifieste con la nitidez y tangibilidad de la materia. La más simple presión en el entrecejo o la más vaga titilación sirven para comenzar el proceso. La experiencia irá mejorando con la práctica.

La concentración

Como hemos mencionado anteriormente la meditación y la concentración son una de las prácticas más eficaces para abrir los chakras sexto y séptimo, aunque sin duda es beneficioso para todo el organismo y la mente.
La concentración es la capacidad de poder fijar la mente en un solo pensamiento y abstraerse de tal manera que todo lo que nos rodea se neutralice y pase a un segundo plano. Cuando uno logra llevar la mente a un solo pensamiento, puede decir: «estoy concentrado», que significa fijar la mente en una sola cosa. La concen-

tración perfecta es la atención natural y espontánea en algo que nos interesa. Además, es el pilar fundamental de la meditación.

Como siempre, para ponerla en práctica, la tranquilidad del lugar en el que vayamos a concentrarnos es fundamental. No es necesario sentarse en una postura determinada, lo que es importante es que nos sintamos cómodos y sin forzar parte alguna de nuestro cuerpo.De ahí que no tengamos que descuidar la espalda si estamos sentados, y por consiguiente, tratemos de mantenerla recta pero sin tensión, puesto que el objetivo es que el cuerpo no nos moleste durante la práctica.

Así pues, respira profundamente para ir relajándote y centrándote en el método. Olvídate de las preocupaciones y los planes, aunque no te pelees con los pensamientos, solo déjalos que pasen. Dirige toda tu atención al corazón, siente sus latidos, su forma y su tamaño, el color... hasta que estés plenamente concentrado en tu corazón. Trata de estar el mayor tiempo posible con la atención únicamente depositada en el corazón.

Si al principio notas que te cuesta mucho, puedes ayudarte mirando la llama de una vela, aumentando progresivamente el tiempo de observación hasta que consigas cerrar lo ojos y ver la imagen de la llama, así como la luz de tu interior con claridad. A veces no hace falta esta llama y entonces resulta muy fácil pasar a la meditación, donde tus pensamientos fluyen en la luz hasta que se confunden en uno solo.

La meditación

Una buena hora para practicar la meditación suele ser por la mañana, tras la ducha o bien por la tarde, con la puesta de sol. Es mejor que lo hagas antes de la cena, o bien tras una comida frugal, pues las comidas pesadas no son buenas compañeras.

Siéntate en el suelo con la espalda apoyada en alguna superficie o si prefieres sin apoyarla, pero sí procurando mantener siempre la espalda recta.

Si quieres una música relajada a un volumen bajo, puede ayudarte.

Trata de concentrarte en los tres centros principales, que son: el centro del ombligo (centro del poder), el del corazón (balance y armonía), y el tercer ojo (sabiduría y desarrollo psíquico).

Empieza por el más inferior deteniéndote en cada uno de ellos durante cinco minutos para ir trasladando la energía en el camino ascendente.

En este tipo de meditación, puedes, si lo prefieres, abrir los ojos y centrar tu mirada en un punto concreto o en un yantra (símbolo geométrico que ayuda en la concentración).

Si te ves abordado por los pensamientos, trata de no hacer caso y decir no, para volver a concentrarte en los centros. No obstante, tampoco hay que frustrarse si los pensamientos no cesan de aparecer. Las primeras veces es normal que nos cueste, estamos dejando que afloren todas las imágenes que tenemos almacenadas en nuestro interior y es bueno que fluyan de manera natural y libre.

La concentración en los centros energéticos provocará que en ocasiones se sienta una energía caliente vibrando alrededor de los centros.
Tras los cinco minutos de meditación en cada centro, respira profundamente y mueve la energía de uno a otro. Una vez has pasado por los tres, mantente en silencio durante cinco minutos más.

Posición de loto

Siéntate sobre los talones con la espalda recta. Une las manos detrás de la espalda y estira los brazos de manera que consigas estirar el pecho al mismo tiempo. Inclínate

Posición de loto

hacia delante y dirige tu frente hacia el suelo, hasta que quede prácticamente apoyada sobre él. Levanta poco a poco los brazos hacia arriba y sostén la posición durante unos instantes a la vez que respiras profundamente.
Para volver a la posición de descanso, baja primero los brazos y suavemente levante el torso para volver a la posición de sentado.
La postura del loto además de fortalecer nuestra mente y cuerpo, es un método muy recomendable para equilibrar nuestro sistema nervioso; combatir el estrés, la ansiedad y la depresión.

Creatividad visual

Trabaja la creatividad visual haciendo un *collage*. Selecciona fotografías que te atraigan o te parezcan interesante por el motivo que sea, de cualquier medio que tengas a mano. No te pares a preguntar por qué has seleccionado una u otra. Simplemente disponte a ir colocándolas en cualquier lugar de la hoja, dejando que sea tu propio sentido de la estética lo que rija su disposición y colocación. Cuando hayas acabado, coloca el *collage* en un lugar que puedas ver a diario y medita sobre tu creación, piensa qué cosas revela sobre ti mismo de forma intuitiva.

Séptimo chakra

Nombre sánscrito:	*Sahasrara*
Localización:	Corona del cráneo
Significado:	Multiplicado por mil
Función:	Conocimiento
Elemento:	Pensamiento
Símbolo:	Loto de mil pétalos
Sonido raíz:	Ninguno
Partes del cuerpo:	Sistema nervioso central
Animal:	Elefante, buey, toro
Color:	Violeta a blanco
Incienso:	Mirra, loto
Alimentos:	Ayuno
Algunas deficiencias:	Depresión, alienación, apatía, extravagancias
Camino yóguico:	InanaYoga

El séptimo centro, como ajna, está relacionado con todas la actividades intuitivas y espirituales, el pensamiento, la conciencia, la información y la inteligencia.

El chakra corona tiene como elemento asociado el pensamiento. Este es la primera muestra de la conciencia en la Senda de la Manifestación. Es el centro mediante el cual nos ponemos en contacto las potencias superiores. Se perfila asimismo nuestra manera de pensar. Por eso decimos muchas veces que todo dependerá del color del cristal con que se miren las cosas. Aquí nos encontramos con las esencia de nuestro Ser en su estado más puro, aquel que se vincula con lo divino.

Este es el chakra que nos permite adquirir el entendimiento y la conexión cósmica, por medio de él podemos obtener el sentido de las cosas y su objetivo es la liberación definitiva. La liberación de las ataduras terrenales que constriñen el espíritu y lo degradan.

En este chakra supremo se relacionan los chakras anteriores. En él nacen y se manifiestan todas las energías de los restantes centros. Se establece conexión con lo divino, lo amorfo e inmaterial.

Fisiológicamente está relacionado con la glándula pituitaria, que es la maestra del sistema endocrino, muchas de las afecciones provocadas por un mal funcionamiento del centro tendrán que ver con las hormonas que segrega esta glándula.

Por otra parte, nos pone en contacto con lo eterno, lo imperecedero, con el mundo de la inspiración y la conexión espiritual. Aquí, los diferentes egos se disuelven en la unificación de las energías hacia una fusión con el Espíritu y una

reunificación con todas las facetas de la naturaleza humana.

La sabiduría de cada vida se acumula en este centro y representa la trascendencia total de lo que es terrenal, fugaz y transitorio. Es la conciencia de uno mismo y del universo al mismo tiempo, por eso es el chakra donde desaparecen las dualidades.

Sahasrara abierto

Trabajar el chakra corona es trabajar lo mejor de uno mismo, es concebir la autocrítica como herramienta de purificación y superación. Gracias a su ejercicio examinamos y dilatamos nuestra conciencia. Cuando examinamos nuestro sistema de creencias, cuando aprendemos, estudiamos, cuando prestamos atención a nuestros informadores de salud –los sentidos– y nos liberamos de las pautas menores procedentes de lo material, obtenemos claridad, sensibilidad, inteligencia, inspiración y paz.

Si este chakra funciona armónicamente, la serenidad se instala en nosotros y nos ofrece paz mental. Seremos capaces de alcanzar la verdadera aceptación universal, la que no ofrece resistencia ni separación, la que nos coloca en el presente.

Las personas con el séptimo centro equilibrado son personas con las que no nos cuesta relacionarnos, pues desprenden una paz especial que se instala allí donde van. Son capaces de mostrar lo más bello de cada cosa y cada ser, y hacen sentir al otro del mismo modo, hacen que uno mismo se sienta como parte integrante de la belleza universal.

Por lo general suelen ser personas que enseñan a guiar y a inspirar a los demás para que encuentren su propia magia y cultiven sus propios dones. Se esfuerzan por ayudar a los demás a liberarse de manera desinteresada y generosa.

Sahasrara cerrado

En este caso, el paradigma de un chakra disfuncional se perfila en los seres en forma de egocentrismo. Se concentran exclusivamente en el mundo material y en el espejismo de que es el único que controla su suerte, pues no tiene conciencia de lo divino, ni relación alguna con ello. Por eso su bienestar va a depender en exclusiva de los éxitos materiales que vaya alcanzando a lo largo de su vida. Dado que son ellos los únicos creadores de los beneficios que han obtenido están demasiado atareados en seguir alimentando la fuente del éxito. Solo se fijan en lo que hacen y no en quiénes son. Necesitan invertir tanto tiempo en todo ello que en ocasiones llegan a quedarse solos y descuidando por completo los niveles más profundos. Por eso, cuando las circunstancias de aquella vía en la que han confiado se modifican o se agota, estas personas carecen de los recursos interiores necesarios para obtener más de la vida.

Otro de los perfiles de un chakra disfuncional es el de aquel que no puede pensar por sí mismo y por lo tanto necesita confiar por completo en la guía de otro. Son personas constantemente agotadas, lo cual es lógico si tenemos en cuenta que es mucho más cansino vivir contra natura de los flujos personales.

Posturas del séptimo chakra

Otro tipo de meditación

Hay que tener en cuenta que la meditación es como un músculo que se va tonificando a medida que se ejercita y que por tanto no podemos esperar alcanzar determinados resultados con la primera prueba. La perseverancia es una de las máximas para lograr los objetivos que nos planteamos.

La meditación es una de las prácticas más efectivas para la activación del tercer ojo. Esta puede consistir en visualizaciones de colores o bien en despejar la pantalla mental hasta dejarla limpia y vacía.

Para ello, elige un lugar tranquilo desde el cual tengas la certeza de que nadie te va a distraer durante un rato. Ponte prendas cómodas y sueltas. Túmbate sobre el suelo (puedes ponerte sobre una manta o similar) con las palmas de las manos hacia arriba y las piernas estiradas. Cierra los ojos y mantenlos así durante toda la práctica. Relájate durante unos minutos.

Ahora, dirige toda tu atención al centro del cráneo, o al entrecejo. Invoca la visualización de la habitación de tu infancia y procura recordarla con toda nitidez, a la vez que te repites: «Para mí, no existe nada más».

Concéntrate en todos los detalles, suelo, cortinas, mesa, disposición de la cama, colchas, sábanas, detalles ornamentales, ventana y vista desde ella...

Uno por uno, suprime mentalmente todos esos elementos, hasta llegar a un "vacío total".

Una vez eliminado todo, mantente en ese vacío por algunos instantes, y deléitate en la sensación de reposo que produce.

Sat kriya

Siéntate sobre los talones y estira los brazos por encima de la cabeza. Procura que los brazos toquen las orejas u los codos estén estirados (es importante para que fluya la energía). Junta las manos entrelazando los dedos excepto los índices, los cuales se han de tocar las puntas y apuntar hacia arriba.
Los hombres deben cruzar el pulgar derecho sobre el izquierdo y las mujeres, el pulgar izquierdo sobre el derecho. Repite «Sat nam» a un ritmo constante. Al decir «Sat» enérgicamente mete el ombligo hacia adentro y al decir «nam» relájalo. Siente cómo sube la energía por la columna vertebral y mantén los ojos cerrados.

Al principio practica este kriya 3 minutos. Enfoca tu atención en el modo en que lo haces para ir mejorando poco a poco el ritmo y la concentración. Comienza con ciclos de 3 minutos de Sat Kriya seguidos de 2 minutos de relajación. Repite ese ciclo de 3 a 5 veces. Ve aumentando gradualmente, cambia los ciclos a 5 minutos de Sat Kriya y 5 minutos de descanso. Posteriormente agrega de 3 a 5 minutos más, conforme te vayas sintiendo más a gusto. Gradualmente te sentirás capacitado para hacerlo durante 31 minutos, que es el tiempo adecuado.

Sat Kriya permite que los chakras inferiores se unan y actúen al unísono y se canalicen las energías creativas y sexuales del cuerpo. Es también un estimulante de la energía Kundalini para despertarla de su fase durmiente en la base de la columna.

También ayuda a personas con problemas psicológicos y depresiones, puesto que estas perturbaciones están siempre conectadas con un desequilibrio en las energías de los tres chakras bajos.

Salamba Sirshasana

La postura de cabeza o Sirshasana es considerada la reina de todas las asanas en la práctica del Hatha Yoga debido a la enorme cantidad de beneficios que aporta tanto en lo físico como en lo mental. Es una postura que requiere un nivel de agilidad y equilibrio de nivel avanzado. De todas formas siempre puedes practicar esta postura con la ayuda de una pared sobre la que apoyarte al principio e ir adquiriendo equilibrio poco a poco, hasta que progresivamente vayas despegándote de ella.

Ponte de rodillas y entrelaza las manos. Apoya firmemente en el suelo las manos entrelazadas y todo el antebrazo hasta los codos, que han de formar un triángulo sobre el que se apoyará todo el peso de tu cuerpo cuando esté en el aire. Date impulso con las piernas y los brazos para elevar la cadera, acercando los pies al cuerpo. Si quieres te puedes ayudar flexionando las rodillas primero y dejando que sean los pies los que se van alejando del suelo progresi-

vamente. Lentamente ve desplegando las piernas hasta que queden completamente extendidas.
Para desmontar esta postura hay que ir deshaciendo los pasos con igual lentitud y suavidad con la que se ha iniciado.
Los beneficios que aporta son numerosos, pues el hecho de que sea invertida, hace que los pesos que normalmente se cargan en una dirección vayan en este caso del lado contrario dando como resultado la compensación necesaria. No obstante, su práctica está contraindicada durante la menstruación y para quienes tienen la tensión alta, dolor de cabeza, glaucoma, y ciertos problemas en los ojos y oídos. Las personas que tienen problemas en el cuello pueden practicar versiones modificadas sin apoyar la cabeza en el suelo.

Salamba Sarvangansana

Es una postura necesaria y recomendable para poder realizar la postura anterior, pues para compensarse se han de realizar una seguida de la otra. Sarvangasana siempre debe practicarse después de Sirsasana. Esta última es un a postura que produce calor mientras que Salamba Sarvangasana enfría el cuerpo y la mente, equilibrando así los efectos de la otra.

Túmbate sobre el suelo y flexiona las piernas y deja los pies apoyados sobre el suelo. Mantén los brazos a los lados del cuerpo con las palmas de las manos hacia abajo.

Flexiona las piernas sobre el cuerpo; puedes aprovechar las manos apoyadas para levantar la pelvis e ir subiendo las piernas hacia la vertical. Te puede ayudar colocarte en la postura del arado (ver más atrás) y desde ella coloca las manos bien planas sobre la espalda y los codos lo más juntos posible, siempre sin forzar, para subir las piernas hasta Sarvangasana.

Has de procurar mantener las manos a la misma altura. Siempre nos podemos ayudar de la pared. Hay que tener en cuenta que tanto el ascenso como el descenso se debe realizar de manera pausada y tratando de mantener el equilibrio.

Como todas las posturas invertidas favorece enormemente la irrigación cerebral, al tiempo que tonifica los nervios de la zona cervical y alivia el dolor de cabeza.

El aliento vital

En este último apartado del libro vamos a desarrollar más ampliamente algunos aspectos fundamentales en lo relacionado con nuestros chakras.

Hablaremos del control del aliento o pranayama.

Qué es el Prana

Se llama prana a la energía primordial que subyace siempre a la manifestación de los distintos estados de la materia. Todas las manifestaciones materiales poseen este principio dinámico actuante en ellas. Gracias a prana la materia se cohesiona, desde el simple átomo, hasta los organismos más complejos.Se densifica de cuerpo en cuerpo y de chakra en chakra y si se reactiva puede residir en una forma dinámica en el chakra base.

Los organismos necesitan un flujo e incorporación constante de prana, cuyas fuentes principales son el sol, el aire, los alimentos y el agua.

Prana significa también respiración, y hace alusión específicamente al flujo del prana desde dentro y hacia el organismo debido a la respiración.

Es por ello que a través de la respiración es posible controlar los flujos de prana o energía vital de nuestro organismo.

Pranayama significa entonces control del prana por medio de la respiración.

Los distintos alientos

El *prana* se concentra en torno al chakra cardiaco. Es quien controla todo lo que entra en nuestro cuerpo, incluida la inspiración y la alimentación.

- *Apana* mantiene su actividad en el chakra base y sale del cuerpo por su parte inferior. Controla la excreción, la eyaculación y el parto, pero también otras dos funciones de eliminación, la transpiración y la espiración, la cual sube hasta la nariz.

- *Udanase* vincula con el centro de la garganta y con la elocución regulando el ritmo de la respiración y su amplitud.

- *Samana* está relacionado con el centro umbilical y regula el proceso digestivo y el tránsito intestinal.

- *Uyana* tiene que ver con el centro sexual y controla la circulación sanguínea y la tensión muscular.

Mediante la meditación y las posturas los yoguis descubrieron que se puede alcanzar el control de la circulación del prana.

En este terreno, lo que sí hay que advertir categóricamente es que la práctica descontrolada y sin guía del pranayama puede suponer un grave perjuicio para la salud de las personas que lo practican. Así pues, es necesario que las personas que inician esta práctica siempre estén bajo la supervisión de un guía.

La respiración completa

Esta técnica libera los bloqueos del plexo solar y relaja profundamente.

Puedes practicarla sentado o tendido.

Hincha el vientre cuando inspires y una vez hinchado, expande la caja torácica inspirando más aire.

Una vez hinchado el tórax, eleva las clavículas e inspira al máximo.

Seguidamente y sin retener el aire, comienza la espiración haciendo descender las clavículas, hasta contraer los músculos del vientre para expulsar el aire que queda.

Realiza todas estas fases de manera fluida y siguiendo estrictamente el orden apuntado. Repite la secuencia y trata de ir aumentando el tiempo del ejercicio.

Trata de encontrar el ritmo apropiado a tu cuerpo.

La respiración elemental

Inspira lentamente y espira con normalidad. Procura ir aumentando día a día el tiempo de inspiración hasta diez o veinte segundos mientras que espiras naturalmente.

Una vez has logrado realizar este ejercicio sin ninguna molestia, efectúa el ejercicio inverso, es decir, inspiración normal frente a espiración progresivamente más larga. Todo ello en un periodo de varios días.

La respiración cuadrada

Inspira profunda y lentamente facilitando la apertura de los pulmones. Contén la respiración durante algunos segundos.

Espira larga y sostenidamente permitiendo que se reparta el aire por todos los órganos y células de nuestro cuerpo y retén con los pulmones vacíos.

El tiempo de retención y respiración es el mismo para todas las fases, que es de cuatro a seis latidos cardiacos.

Realiza una contracción mula bandha en cada retención.

La contracción mula bandha es la contracción de los músculos internos del ano, el músculo elevador del ano, la base pelviana, y comprime fuertemente los intestinos contra la columna vertebral. Con ello bloqueas el descenso de la energía pránica y facilita la ascensión de apana.

Los chakras en los niños

Primer chakra
Desde la matriz hasta el primer año

En esta etapa es primordial que el bebé sienta el contacto físico de sus padres o cuidadores.

La satisfacción de sus necesidades básicas de afecto, alimento y sueño supondrán que en un futuro el niño sea independiente y tranquilo.

Si la criatura no ha de temer por el afecto y las caricias de sus cuidadores, así como de su atención en general, el niño crecerá en un entorno que le proporcionará resguardo y tranquilidad. Ese entorno irá proporcionando seguridad y evitará así la desconfianza en el mundo.

Es de vital importancia superar el dilema confianza-desconfianza de esta etapa, pues si la criatura sabe que siempre puede contar con alguien, esta aprenderá a relajarse en vez de creer que el mundo que le rodea es hostil y tenso, impidiendo en posteriores etapas la sana consolidación de sus emociones.

Ahora bien, el marco anterior se convierte desgraciadamente en una especie de utopía, sobre todo si atendemos a las dinámicas de vida que corren en estos tiempos. Sabemos que en la actualidad este tipo de dedicación por parte de los padres es bastante difícil de conciliar con las responsabilidades y obligaciones a las que se ven abocados. Pero si bien es difícil alcanzar esa dedicación, lo que sí se ha de intentar con empeño es que las personas o el entorno que rodee a las criaturas en ausencia de los padres debe cumplir los mínimos

requisitos de atención y afecto. Además, con el fin de estar preparados, hay que ser conscientes de que seguramente los padres tendrán que hacer un esfuerzo extra a la hora de cubrir las necesidades afectivas que el niño a última hora de la jornada exija a sus padres. Todo ello no es tarea fácil pero es importante mencionar se verá compensado a largo plazo, pues irá desarrollándose una criatura más sana y tranquila con optimismo y esperanza en lo referente a su creencia de que el mundo puede proporcionarle lo que necesite.

Segundo chakra
De los 6 a los 18 meses

Empieza en esta etapa la edad de la conciencia del individuo separado de sus progenitores. Sus avances en la motricidad le proporcionan cierta autonomía y movilidad, que serán las herramientas fundamentales para saciar las grandes dosis de curiosidad que le suscita el nuevo mundo. Así pues, sus movimientos se irán alternando entre idas y venidas a la vera de sus padres para, por un lado comprobar que todo sigue en orden y por el otro aumentar el radio de exploración.

Fomentar el movimiento junto a la proporción de afecto siempre que lo necesite son las dosis necesarias en esta etapa de exploración sensorial.

En cuanto a las emociones, es importante no tratar de neutralizarlas. Los niños no pueden evitar sentir lo que sienten y no se trata de que actúen como lo haría un adulto. Mucho menos se trata de castigarles por ello. Se trata, en todo caso, de que reciban de sus padres la tranquilidad y raciocinio que ellos todavía no poseen. Es mejor expresarle con palabras que lo comprendes; mencionar las sensaciones que él tiene es una manera de enseñarle a expresarlas, lo que le proporcionará herramientas para comunicar sentimientos íntimos.

Tercer chakra

De los 18 meses a los 3 años

En esta etapa es importante que vaya adquiriendo confianza en sí mismo mediante la realización de tareas acordes a su edad: recoger los muñecos del suelo o hacer un rompecabezas sencillo, etc. Si intenta hacer cosas demasiado difíciles para su edad ayúdale, de lo contrario puede albergar frustraciones innecesarias.

Las recompensas por el éxito adelantan más que los castigos por el fracaso. Eso no quiere decir que los niños no deban tener límites. Precisamente esos límites son en muchos casos asideros que les proporcionan seguridad. Sin embargo, expresarlos de manera agresiva o castigando no enseña más que comportamientos agresivos y vergüenza.

Cuando se retira el afecto se produce un desequilibrio en los chakras tercero y cuarto, convirtiendo a las criaturas en seres inseguros e incapaces de decidir sin aprobación ajena.Se pueden establecer limitaciones pero siempre evitando la cólera y la desaprobación de la conducta, nunca de su autor o autora.

Cuarto chakra

De los 4 a los 7 años

Es la edad en la que los niños empiezan a imitar a sus padres en lo referente a los roles sociales. En esta etapa hay que ir con especial cuidado a la hora de mostrarnos ante ellos, pues se identifican con sus progenitores e imitan sus comportamientos. Si los padres se muestran ante ellos de manera histérica y agresiva, ellos aprenderán de tales patrones.

Las rutinas adquieren mucha importancia, y cuando se alteran está bien explicar por qué se hace. Los niños necesitan comprender las relaciones de las cosas con el entorno.

Hasta los 7 años predomina el cuerpo físico, pues es la edad de aprender, de moverse, y experimentar con el cuerpo.

Quinto chakra

De los 7 a los 12 años

En estas edades ya tienen un claro dominio del lenguaje y los avances cognitivos son grandes.

Es bueno entablar conversaciones en las que el niño pueda expresar sus emociones y sus sentimientos delante de sus padres. Hablar con libertad de sí mismo y de su visión del mundo ante un padre atento e interesado por lo que su hijo explica ayuda al desarrollo de interacciones sanas y con un alto grado de autoestima.

Es recomendable promover una identidad creadora mediante la alteración novedosa de rutinas sencillas y banales, o del elogio de algún dibujo que haya hecho, aunque sea un garabato. No han de faltar medios para que puedan expresarse de manera original mediante el empleo de material artístico,musical,de danza...

En esta edad es cuando se produce una de las grandes aperturas mentales que se da en nuestra evolución. En esta época el niño aprende a relacionarse con los amigos, la familia. Hay un predominio claro de lo emocional, «Yo siento».

Sexto chakra

La adolescencia

El hijo adolescente tenderá ahora a manifestarse individualmente, por lo que no vale la pena tratar de controlar detalles como la moda o el aspecto físico, pues es mejor valorarlos en su justa medida y no darle más importancia de la que tiene. Es más interesante que mediante las preguntas que le formulen los padres encuentre sus propias respuestas, no dárselas hechas. Su actividad principal se centra ahora en encontrar su propia identidad, para lo cual debe hacer múltiples ensayos. Enfrentarse a esas tentativas de manera excesivamente frontal puede alargar en exceso un período que es solo temporal y necesario.

Es importante permitir cometer los propios errores. Solo así comprobarán por sus medios dónde está el fallo.

Ahora bien, también es momento de seguir marcando límites definidos, no se trata de que hagan lo que les da la gana. En el establecimiento de límites sí es posible la propuesta por su parte de alternativas o negociaciones.

Séptimo chakra
Llegando a la edad adulta

En esta etapa es ya muy difícil que los padres puedan ejercer cierta influencia, pero lo que sí se debe seguir manteniendo es el clima de diálogo en donde los hijos tengan la oportunidad de pensar por sí mismos, y en donde descubran también que la solución de los problemas no siempre pasa por una única vía.

Cuando aprendemos estamos alimentando nuestro séptimo chakra, de ahí la importancia de aficionarlos al estudio siempre que se pueda. Ahora bien este estudio no se trata únicamente de la asistencia a unas clases, el estudio también puede referirse a hacer un viaje por el Tíbet o la cordillera de los Andes. Se trata de que aprendan las lecciones de la experiencia.

Llegado el momento en el que decidan emanciparse no hay ni que frenarlos y empujarlos a que se vayan, sino de darles el apoyo que necesiten.

Lo que hay que tener claro es que a medida que va superando las fases de los distintos chakras no significa que supere inmediatamente las necesidades de los chakras anteriores. El afecto físico es algo que necesitarán toda la vida y no sólo mientras pasan por el desarrollo de los chakras primero y segundo. Asimismo necesitarán hablar con ellos o la aprobación de otras personas.

Los pequeños necesitan amor y llegar a formar parte de la sociedad adulta. Su individualidad les hará falta para aportar su esencia a esta sociedad.

Epílogo

El cuerpo humano dispone de todo un complejo sistema de centros de energía que guardan íntima relación con nuestro estado físico y mental.

Este estrecho vínculo no lo leemos únicamente en los libros, sino que si somos un poco sensibles a las señales de nuestro cuerpo y las atendemos, comprobaremos que los estados emocionales y anímicos se manifiestan claramente sobre nuestro físico.

No es la primera vez que somos testigos de los cambios que sufre el aspecto de alguien, cuya cara se transforma y deteriora cuando está pasando por un momento difícil en su vida. O bien cómo a alguien también le cambia la cara cuando por ejemplo, ha encontrado el amor de su vida. Más de una vez habremos oído decir que se le ve más guapo o que tiene el «guapo subido». Pues bien, tales situaciones y expresiones no son más que la punta del iceberg. Son solo un tímido reflejo de todo lo que esconde nuestro ser con relación a los estados energéticos.

Lo que sí está claro es que cuando algo no funciona bien en nuestras vidas, la enfermedad es la última manifestación de ese desequilibrio vital. Por eso, el objetivo de esta guía ha sido la de ofrecer una pequeña muestra de nuestro sistema para aprender a leer los diferentes niveles que conforman nuestra esencia.

Cada una de nuestras ruedas vitales guarda una clara correspondencia con nuestro metabolismo y organismo. Como habrás visto, el sistema endocrino, aquél que regula todo nuestro sistema hormonal, está indisolublemente unido a cada uno de nuestros centros energéticos.

Aprender a leer más allá de lo que es la sintomatología de una enfermedad puede convertirse en una herramienta fundamental para mejorar notablemente determinados aspectos de nuestra vida.

Del mismo modo que acudimos al médico cuando algo no funciona bien en nuestro organismo, nuestra capacidad para leer las señales de nuestros centros y rectificar o corregir su trayectoria puede ser de gran ayuda a la hora de evitarnos determinados trastornos.

Como se ha dicho anteriormente y a lo largo de este libro, dado que los centros de energía están estrechamente ligados a aspectos de nuestra vida, tales como la sexualidad, la comunicación, el amor etc., detectar las disfunciones que en ellos se produzcan puede ser de vital importancia.

En la actualidad y gracias a la globalización cultural son ya muchas las personas que dan cabida a la contemplación de otras formas de sanación que van más allá de un cuadro sintomático propuesto por la medicina occidental. Eliminar determinadas molestias o dolencias mediante la sanación o activación de los chakras supone algo mucho más profundo que la simple ingesta de un analgésico. Seguramente será más doloroso e incómodo, pero al final, la curación será definitiva y no provisional.

De nuestra mano está el buen mantenimiento y la buena salud de nuestros órganos y por extensión de nuestra vida en general. La relación que se produce entre determinados ám-

bitos personales y nuestro cuerpo es una relación de reciprocidad. Son caminos de dos direcciones cuyo centro, que somos nosotros, se convierte tanto en emisor como en receptor.

Esta guía nos enseña a identificar nuestros centros de energía y su relación con nuestro cuerpo y nuestra vida.

Si creemos que la vida y sus contingencias dependen en gran parte de nosotros y no del azar, entonces podremos trabajar sobre nuestros chakras y ponernos, como quien dice, manos a la obra para mejorar y corregirnos a nosotros mismos y lo que nos rodea. Si por el contrario, somos de la opinión de que podemos hacer muy poco por los derroteros que toma nuestro destino, entonces de nada servirán los ejercicios que hagamos.

En este libro hemos podido leer cómo nuestro cuerpo se compone de siete centros de energía que influyen en nuestra salud física y psíquica. Estos centros no son ruedas independientes que giran sinsentido. La dirección de su movimiento, así como su velocidad y la fluidez de los canales por medio de los cuales se comunican con el resto de chakras nos afecta visiblemente.

Si permitimos que los chakras se bloqueen, no giren y no actuemos para desbloquearlos, lo más seguro es que acabemos provocando una enfermedad crónica. Si en nuestra vida permitimos que las frustraciones convivan con nosotros, como por ejemplo una incapacidad sexual, y no nos enfrentamos a ella tratando de llegar al fondo de nuestro ser, entonces estaremos dejando que la infelicidad se apodere de nosotros.

Como hemos visto en esta guía, la detección de un bloqueo en el segundo chakra, o chakra Svadhisthana puede ayudarnos a superar una problemática sexual. La práctica de determinadas terapias acordes con este chakra, como el Tantra Yoga, suponen la victoria definitiva de dicha problemática. Eso sí, superar las dificultades personales implica el depósito de grandes dosis de perseverancia y fuerza de voluntad. Como sabemos, las cosas no se consiguen de la nada, sobre todo si son trascendentales.

También hemos aprendido que cada chakra se relaciona con una glándula hormonal determinada. El llamado Tercer Ojo tiene mucho que ver con la capacidad de autoevaluación, pero también con determinados problemas de vista, cefaleas y pesadillas.

La obesidad, la anorexia, las hemorroides o las lesiones en las rodillas no son más que diferentes caras de la disfunción del Chakra Raíz, bien por exceso o por defecto, pero en definitiva, un desequilibrio del mismo. La observación y el conocimiento de sus características nos permite identificar estas señales como claras manifestaciones de una anomalía. Actuar desde este centro mediante la práctica de posturas yóguicas como el Puente, la Langosta o la ingesta de carne y proteína, que son los alimentos asociados a este centro, pueden ser la solución de tales deficiencias.

Ahora bien, el reequilibrio de un chakra nunca puede pasar por la desatención del resto del sistema. Los chakras son ruedas que forman parte de un todo relacionado. Las ruedas de energía no son elementos independientes, su buen funcionamiento dependerá también del buen funcionamiento del resto de elementos.

Por eso, tal como se menciona al principio de esta guía, la curación debe seguir un orden. Y el inicio se sitúa por la sanación y activación del primer chakra. El correcto funcionamiento de los chakras inferiores conducirá a la sanación de los superiores. Como dice el dicho, no se puede empezar la casa por el tejado, y los cimientos han de estar muy bien asentados para soportar los demás pisos.

A medida que se va ascendiendo en la activación o mantenimiento (según dicten las necesidades particulares) de estas ruedas, la persona va alcanzando una mayor armonía en su transitar por la vida.

No obstante, no está de más recordar uno de los conceptos fundamentales que sustentan nuestro sistema: el equilibrio. El buen tránsito de las energías debe evitar tanto los excesos como las deficiencias. En consecuencia, tan malo es un chakra Manipura excesivo, el cual se materializará en una persona iracunda e invasora, como un Manipura deficiente, que transformará a seres, que carecerán por completo de autoestima y con un exagerado rechazo a destacar y asumir el mando.

Los ejercicios propuestos aquí son tan solo un punto de partida de entre las múltiples terapias existentes. La aromaterapia, la cromoterapia, el yoga, los mudras, o el pranayama son ejemplos de terapias que pueden servirnos para completar nuestros procesos de curación.

A todo esto es importante mencionar que la interacción que desarrollan los chakras con el mundo exterior no es la única interacción existente. Es decir, nuestro sistema energético está en constante relación con los de otras personas. Dicha relación puede venir dada por un encuentro fortuito con otra persona o por ejemplo, por la relación íntima y duradera que podamos tener con nuestra pareja.

De ahí que nos pueda ser útil saber que el comportamiento chákrico en lo concerniente a las relaciones e interacciones con los demás se rige por dos tendencias: las que tienen lugar entre opuestos y las que ocurren entre similares.

Las primeras tienden a equilibrarse; pues como bien sabemos, los opuestos se atraen y por ejemplo, aquel que se encuentra fuertemente sometido a los dominios de lo mental se sentirá inconscientemente atraído por la energía física, por mucho que conscientemente busque la compañía de otras personas similares a su tipología.

Las segundas tienden a perpetuarse; pues cuando dos individuos comparten la misma orientación mental o física, cada uno tenderá a demorarse en los dominios del otro y en consecuencia fortalecerse mutuamente.

No obstante, también hay que tener claro que las combinaciones que pueden darse en las relaciones entre las personas es infinito y siempre nos puede ayudar hacer un diagrama en el que se detallen los puntos en los que tal o cual persona está más abierta o más cerrada. De ello podremos extraer información bastante importante, pues en estos casos los chakras nos pueden funcionar como metáforas que ayudan a explicar comportamientos observados.

Gracias a la experiencia que hemos adquirido tras la lectura de esta guía, lo que sí puede ser útil para facilitar el mantenimiento del sistema chákrico es la elaboración de una secuencia de movimiento propia. Se puede elegir un movimiento o postura de cada centro realizando transiciones fáciles y sencillas de una secuencia a otra. Practicarla hasta dominarla bien nos permitirá recurrir a ella siempre que queramos. Además, nos permitirá diagnosticar en seguida el estado de nuestro sistema y nos aportará información sobre lo que sucede en cada chakra para así actuar lo antes posible, siempre que alguno de ellos nos cause algún problema.

La constancia de los ejercicios nos aportará la gran recompensa de progresar personalmente y mejorar la salud. Además, los recursos que proporciona este conocimiento y su puesta en práctica, se convierten en una fuente inagotable con la que podremos, no solo mejorar, sino hacer frente a las diferentes circunstancias a la que nos somete nuestra peripecia vital.

Bibliografía

Ambikananda Saraswati, Swami; *Yoga curativo: guía para integrar los chakras en tu práctica de yoga y aumentar la vitalidad*, Tutor, 2008.

Coquelle, Dominique; *Introducción a los chakras*, Ediciones Robinbook, 2003.

Coquet, Michel; *Chakras: la anatomía vital del ser humano*, Escuelas de Misterios Ediciones, 2011.

Diemer, Deedre; *Terapia con los chakras: guía practica de autodiagnóstico y curación con los centros energéticos*, Edaf, 2002.

Gomez del Corral, Erica; *Chakras: energías vitales*, Pluma y Papel, 2004.

Horsley, Mary; *Chakras: usando el yoga para equilibrar los chakras*, Gaia, 2006.

Judith, Anodea; *Guía práctica de los chakras*, Ediciones Robinbook, 1995.

Judith, Anodea; *Nueva Guía de los chakras*, Ediciones Robinbook, 2000.

Johari, Harish; *Chakras: Energy Centers of Transformation*, Inner Traditions Bear & Co, 2000.

Levine, Stephen; *Guided Meditations, Explorations and Healings*; Anchor Books, 1991.

Lowen, Alexander; *El lenguaje del cuerpo*, Herder, 1988.

Mercier, Patricia; *Chakras: Balance Your Body's Energy for Health and Harmony*, Sterling, 2000.

Mercier, Patricia; *La biblia de los chakras: guía definitiva para trabajar con los chakras*, Gaia, 2008.

Saradananda, Swami; *Chakra Meditation: Discover Energy, Creativity, Focus, Love, Communication, Wisdom, and Spirit*, Duncan Baird Publishers, 2008.

VV.AA.; *Los ilimitados poderes del tercer ojo*, De Vecchi, 2005.

Osho; *El libro de los chakras*, Arkano Books, 2004.

Wauters, Ambika; *Los Chakras y los arquetipos: un viaje hacia el autodescubrimiento y la transformación*, Edaf, 1998.

En la misma colección:

Los puntos que curan

Susan Wei

Alivie sus dolores mediante la digitopuntura.

La técnica de la estimulación de los puntos de energía y del sistema de meridianos es tan antigua como la misma humanidad. Se trata de una técnica que recoge la enseñanza de lo mejor de la acupuntura, del shiatsu y de la acupresura para el alivio rápido de diferentes síntomas. Y que en caso de enfermedades crónicas, sirve de complemento a los tratamientos médicos prescritos.

Este libro es una guía que indica la situación de cada punto de energía para una práctica regular que devuelva la armonía a la persona y pueda protegerla de algunas enfermedades.

- ¿Cómo encontrar el punto correcto?
- ¿Cómo se trabajan los puntos?
- ¿Cuántas veces hay que repetir cada tratamiento?
- Las técnicas de presión.
- Puntos que curan el dolor.
- Molestias respiratorias.
- Problemas de piel, digestivos, sexuales...